Antje Abram

Die eigenen Kraftquellen entdecken

Mehr Gelassenheit wagen

Praktische Lebenshilfen für Selbstwert, Beziehung, Familie & Beruf

Ausführliche Informationen zu jedem unserer lieferbaren und geplanten Bücher finden Sie im Internet unter www.junfermann.de. Dort können Sie auch unseren kostenlosen Mail-**Newsletter** abonnieren und sicherstellen, dass Sie alles Wissenswerte über das **JUNFERMANN**-Programm regelmäßig und aktuell erfahren.

Besuchen Sie auch unsere e-Publishing-Plattform www.active-books.de.

Antje Abram

Die eigenen Kraftquellen entdecken

Mehr Gelassenheit wagen

Praktische Lebenshilfen für Selbstwert, Beziehung, Familie & Beruf

Junfermann Verlag • Paderborn
2008

Covergestaltung/Reihenentwurf: Christian Tschepp

Satz: JUNFERMANN Druck & Service, Paderborn

Bibliografische Information der Deutschen Bibliothek

Die Deutsche Bibliothek verzeichnet diese Publikation in der Deutschen Nationalbibliografie; detaillierte bibliografische Daten sind im Internet über http://dnb.ddb.de abrufbar.

ISBN 978-3-87387-701-6

Für meine Eltern Christel und Herbert Abram
und all meine Vorfahren,
deren Wurzeln ich in mir trage.

Inhalt

Zum Gebrauch dieses Buches

Dieser Ratgeber soll Ihnen eine Auswahl an Unterstützungshilfen bieten, damit Sie den Anforderungen des täglichen Lebens besser gewachsen sind. Erleben wir Stress oder Unsicherheit, dann sind es häufig gar nicht die Situationen an sich, die für unseren Zustand verantwortlich sind, sondern eher unsere *innere Haltung* dazu, unsere Gefühle, die sich Bahn brechen wollen. Da es nicht möglich ist, andere Menschen zu ändern (obwohl wir uns gerne hartnäckig an diese Illusion festklammern), bleibt nur, *unsere Entscheidungen* und *unser Verhalten* den Gegebenheiten so anzupassen, dass wir damit zufrieden sind.

An folgendem Bild lassen sich die Veränderungsmöglichkeiten der inneren Haltung gut illustrieren:

Stellen Sie sich vor, in der Mitte des Raumes sitzt ein Mensch, der gemalt werden soll. (Wer allzu starke Abneigungen gegenüber dem Malen empfindet, kann sich auch vorstellen, es sollte ein Foto gemacht werden.) Um dieses Modell herum sind zehn Tische mit Sitzgelegenheiten zu einem Kreis angeordnet. Auf jedem Tisch liegen ein Zeichenblock, Stifte und Farben (bzw. ein Fotoapparat). Das Modell nimmt eine feste Position ein, sagen wir, aufrecht sitzend, den Kopf ein wenig nach hinten geneigt.

Sie als Maler oder Fotograf haben nun Zeit, sich an verschiedene Tische zu setzen und zu schauen, wie das Modell jeweils aus einer ganz bestimmten Perspektive aussieht, und ob es Ihnen zusagen würde, aus diesem Blickwinkel auch zu malen (oder zu fotografieren).

Das heißt: *Sie selbst sind in Bewegung*, verändern Ihre Position und können den attraktivsten oder interessantesten Blickwinkel auswählen, während das Modell bewegungslos in seiner Haltung verharrt.

Aus je mehr Blickwinkeln Sie die Szene betrachten, desto interessanter wird die Sache, und desto mehr Handlungsspielraum ist gegeben.

Nehmen wir jetzt eine Situation aus dem täglichen Leben, um die eben beschriebene Vorgehensweise zu verdeutlichen:

Stellen Sie sich vor, Sie stehen im Supermarkt in einer Schlange an der Kasse und warten darauf, endlich an die Reihe zu kommen. Aus folgenden Blickwinkeln könnten Sie diese Situation betrachten:

- Ich ärgere mich total, dass es nicht schneller vorangeht.
- Ich verfluche innerlich die Misswirtschaft dieses Supermarktes, wo es viel zu wenig Personal gibt und für den miesen Service eh alles zu teuer ist. Nur unfähige Menschen hier! Ich protestiere lautstark, sodass es jeder hören kann.
- Ich ärgere mich, dass ich offensichtlich den falschen Supermarkt zum falschen Zeitpunkt ausgewählt habe.
- Ich schaue auf die Lebensmittel in meinem Einkaufswagen und freue mich, dass es eine so große Auswahl an leckeren Dingen gibt, die ich mir leisten kann und die immer verfügbar sind.
- Ich ziehe mich in mich selbst zurück und denke an ein schönes noch nicht so lange zurückliegendes Erlebnis.
- Ich schaue mich in der Schlange um. Vielleicht habe ich Lust, mit jemandem zu reden, um mir die Zeit zu vertreiben.
- Ich blättere in einer Illustrierten, die im Regal liegt (oder schicke eine SMS, mache innerlich schon Pläne für morgen etc.).

Wie an diesem Beispiel deutlich wird, reichen die Reaktionsmöglichkeiten von wütend über selbstzweifelnd bis hin zu freudig, gelassen und kommunikativ.

Oft sind wir jedoch so sehr in unseren Denk- und Verhaltensmustern gefangen, dass wir es nicht schaffen, alternative Reaktions- und Handlungsweisen zu finden. In der Schlange im Supermarkt beispielsweise reagieren viele Menschen wütend, was regelmäßig zu schlechter Laune führt. Vielleicht ist es aber auch genau andersherum: Man hat immer für alles Verständnis (Die armen Verkäuferinnen können ja auch nichts dafür!) und gestattet sich nicht, wütend zu werden, denn Wut ist etwas „Schlechtes".

So kann es also für den einen Menschen eine Herausforderung sein, gelassener zu bleiben, während dem anderen ein Wutanfall vielleicht mal ganz gut tun würde.

Dieses Buch wurde nach einzelnen **Lebensbereichen** gegliedert, sodass Sie ganz gezielt nach Vorschlägen für einen bestimmten Bereich suchen können.
I. Persönliche Entwicklung & Selbstwert
II. Liebe, Partnerschaft & Freunde
III. Familie
IV. Kommunikation & Achtung
V. Beruf & Materielles

Die Vorschläge für diese Lebensbereiche sind wiederum in drei Rubriken unterteilt:
A. Unterstützende Sätze
Hierbei handelt es sich um prägnante Sätze, die verinnerlicht und quasi „eingeübt" werden können, um sie in passenden Situationen anzuwenden. Vor allem in Lebenslagen, in denen wir uns innerlich schützen müssen, aber auch zur generellen Selbstunterstützung und zur Veränderung von alten Verhaltensmustern sind solche Sätze sinnvoll und sehr gut geeignet.

B. Imaginationen und innere Bilder
Unser Gehirn erzeugt unsere persönlichen Realitäten, es konstruiert unsere Wirklichkeit und die entsprechenden Gefühle dazu. Was wir denken, hat also direkten Einfluss auf unsere Gefühlslage und das bedeutet: Unser Wohlbefinden ist durch unsere Gedanken steuerbar! Nach diesem Prinzip funktionieren beispielsweise auch das Autogene Training oder Fantasiereisen.

C. Handlungsvorschläge und Übungen
In dieser Rubrik verlassen wir den Bereich der inneren Welt, geht es doch nun darum, neue Handlungsmöglichkeiten einzuüben und zu festigen. Natürlich können Sie – bevor Sie sich ins Licht der Öffentlichkeit trauen – zu Hause Dinge für sich ausprobieren und prüfen, ob Sie sie für gut befinden oder nicht.

I.
Persönliche Entwicklung & Selbstwert

A. Unterstützende Sätze

1. „Ich mache es mir so leicht wie möglich."

Dieser Satz soll nicht etwa dazu auffordern, seiner Verantwortung nicht nachzukommen, schlampig oder ungenau zu sein. Nein, dieser Satz zielt darauf ab, mehr Möglichkeiten in der Planung des alltäglichen Lebens zuzulassen und damit weniger Stress und Aufwand zu haben. Da es individuell sehr unterschiedlich ist, was Menschen „schwer" oder „leicht" fällt, sollte hier jeder nach seinem Gefühl, seiner Energie und seinen Fähigkeiten entscheiden.

Ein Beispiel: Als Gastgeberin planen Sie eine Geburtstagsfeier mit 20 Gästen. Doch muss die Feier zu Hause stattfinden? Um den Stress zu reduzieren, könnten Sie in ein Café oder Restaurant gehen. Oder die Gäste sollen als „Geschenk" etwas zu essen mitbringen. Und überhaupt: Müssen es wirklich 20 Leute sein? Laden Sie einige Menschen vielleicht nur aus Pflichtgefühl ein? Haben Sie überhaupt Lust auf diese Feier? Wäre es nicht schöner, an diesem Tag wegzufahren oder mit den drei engsten Freunden etwas zu unternehmen?

2. „Ich bin noch unerfahren (ungeübt). Alles braucht seine Zeit."

Dieser Satz kann immer dann eingesetzt werden, wenn sich innerlich zermürbende Gedanken und Selbstzweifel in den Vordergrund drängen, wie zum Beispiel:
„Ich bin zu dumm dazu." Oder:
„Das werde ich sicher nie schaffen." Oder:
„Die anderen können das sowieso besser als ich."

Viele Aufgaben brauchen Zeit, Übung und Erfahrung, um sie angemessen bewältigen zu können. Geben Sie deshalb nicht sofort auf, wenn etwas nicht gleich so läuft wie anfangs erhofft oder erwartet.

3. „Ich bin verantwortlich für das, was ich tue, niemand anderes."

Wenn Sie den obigen Satz wirklich verinnerlichen, wird das Leben einfacher werden, weil Sie sich dann weniger von anderen Menschen abhängig machen. Anstatt darauf zu warten, dass endlich etwas passiert, setzen Sie sich nun selbst in Bewegung und werden aktiv.

Schon am Sprachgebrauch wird deutlich, wie viel Verantwortung eine Person für sich selbst übernimmt. Kommt jemand mit Verspätung zu einem Treffen, könnte er seine Gründe folgendermaßen vorbringen:
„Entschuldige, ich wurde von einem längeren Telefonat aufgehalten." Oder:
„Entschuldige, ich habe beim Telefonieren die Zeit aus den Augen verloren."

Im ersten Beispielsatz wird die Verantwortung dem Telefonat zugeschrieben, im zweiten steht die Person selbst dafür ein.
Sprachlich Verantwortung zu übernehmen mag auf den ersten Blick banal erscheinen, ändert aber tatsächlich die gesamte Einstellung. Dies ist vor allem in engen Beziehungen wichtig. Sage ich beispielsweise zu meinem Lebenspartner:
„Es ist immer dasselbe. Du lässt mich gar nicht zu Wort kommen." Oder sage ich:
„Ich finde nicht den passenden Moment (die passenden Worte), um etwas zu sagen und du redest dann umso mehr."

4. „Ich bin bei mir, ich verpasse nichts."

Wie oft haben wir den Eindruck, dass wir etwas verpassen! Es gibt so viele Partys, Ausstellungen, Konzerte, Workshops, fremde Länder, interessante Leute ...
Manchmal treibt dieser Eindruck, ständig etwas zu verpassen, Menschen in eine übersteigerte Aktivität, in eine Hetze von Ort zu Ort, in eine starke innere Unruhe oder gar in diverse Krankheiten.
Doch jeder trägt sich selbst das ganze Leben lang mit sich herum. Deshalb gibt es im Grunde nicht viel zu verpassen: Da wo ich gerade bin, kann ich über alle Sinne aufnehmen, was mir geboten wird. Und wenn das Angebot nicht ergiebig sein sollte, kann ich mich innerlich mit etwas anderem beschäftigen oder, wenn dies möglich ist, einen anderen Ort aufsuchen, der mehr Attraktivität verspricht, ohne Hetze, ohne Eile.

5. „Das was ich tue, tue ich ganz."

Fernsehen, essen, sich unterhalten – alles gleichzeitig, das geht durchaus! Nur bekommen wir dann auch wirklich noch mit, was wir uns gerade in den Mund schieben? Haben wir in einem Gespräch noch genug Aufmerksamkeit für den anderen und das Gesagte? Und ist das, was im Fernsehen läuft, wirklich so interessant?
In unserer sogenannten „Multitasking-Gesellschaft" gilt das Jonglieren mit gleichzeitig ablaufenden Aktivitäten als „normal". Tatsache ist jedoch, dass das für den überwiegenden Teil der Bevölkerung äußerst anstrengend ist und auf Dauer in vielen Fällen zu Unausgeglichenheit und Stress führt.
Wieso nicht mal in Ruhe und ohne Ablenkung essen? Das Essen betrachten, den Geruch wahrnehmen, probieren, schmecken, kauen, schlucken – lecker! Den nächsten Bissen ...

6. „Ich lebe im Hier und Jetzt."

Den Augenblick ganz wahrnehmen, ohne dauernd an die Vergangenheit zu denken oder Pläne für die Zukunft zu machen. Doch häufig sind Sorgen und Ängste im Spiel: Wie wird das wohl alles werden?
Natürlich brauchen wir die Fähigkeit, uns an Dinge zu erinnern und diese Erlebnisse dann in Erfahrungen für unser weiteres Leben umzuwandeln. Auch ist es wichtig, kommende Dinge zu durchdenken und das Erforderliche zu organisieren. Doch die Gedanken an die Vergangenheit und die Zukunft dürfen nicht überhandnehmen, weil Sie sonst von der Gegenwart, vom Hier und Jetzt nichts mehr mitbekommen! Kann ein Mensch seine Gegenwart nicht mehr deutlich wahrnehmen und erleben, findet auch keine persönliche Entwicklung mehr statt.

7. „Alle Dinge hängen voneinander ab."

Daraus wiederum folgt der Satz: *„Ich tue mir selbst etwas Gutes, indem ich anderen Gutes tue."*
Dieses Phänomen, dass alle Dinge voneinander abhängen und auf verschiedenste Weise miteinander verbunden sind, haben viele Wissenschaften, wie beispielsweise die Mathematik, Soziologie, Biologie und Theologie, untersucht und immer wieder bestätigt.
Der Dalai Lama zum Beispiel benutzt für das Phänomen der Verbundenheit von allen Dingen den Begriff „Interdependenz". Er ist fest davon überzeugt, dass „gute Taten" an anderen mehr zum eigenen Wohlbefinden beitragen, als zum Wohlbefinden desjenigen, der in den Genuss der guten Tat kommt.
Aus dieser Perspektive betrachtet unterstützt der Satz „Alle Dinge hängen voneinander ab" ein generelles Vertrauen in die Menschen und in die Welt.
Natürlich trifft man nicht nur auf „gute Menschen", und manchmal ist Skepsis, Zurückhaltung und Schutz unerlässlich im Leben. Dennoch kann die Ansicht, dass alles zusammenhängt, dazu beitragen, mehr Gelassenheit zu entwickeln.

8. „Alle Übergänge sind schwierig."

Jedes Mal, wenn ich eine Sache beende und eine neue beginne, erlebe ich einen Übergang. So gesehen gibt es unglaublich viele Übergänge im Leben. Das beginnt schon bei kleinen Dingen, wie etwa vom Sofa aufstehen, um in die Küche zu gehen oder das Fernsehen auszuschalten, um anschließend ein Buch zu lesen. Es geht weiter mit mittelgroßen Übergängen, wie morgens das Haus verlassen, um zur Arbeit zu kommen, oder den inneren Schweinehund überwinden, um sich zum Joggen aufzuraffen. Und dann gibt es noch die großen Übergänge, wie beispielsweise in eine andere Stadt ziehen, einen neuen Job anfangen, eine Liebesbeziehung beginnen oder einen geliebten Menschen begraben müssen.

Gerade die großen Übergänge sind schwierig und brauchen Zeit, bis sie innerlich verarbeitet sind. Betroffene müssen sich langsam an die neu entstandene Situation gewöhnen und die entsprechenden Anpassungsmechanismen entwickeln.
Aber auch Übergänge von mittlerer Tragweite können schwierig sein, wenn die Motivation, die Energie oder die Zeit fehlen.
Die Einsicht, dass Übergänge generell Energie kosten und oft anstrengend oder auf sehr unangenehme Weise aufregend sind, trägt zu mehr Ruhe und Gelassenheit bei.

9. „Durch Fühlen entsteht Veränderung."

Am Anfang einer jeden Veränderung eines Menschen steht die *Wahrnehmung* eines Gefühls. Nur wenn Menschen es zulassen können, ihre Gefühle wahrzunehmen und zu spüren, können sich neue Dinge entwickeln. Andernfalls verschließen die Betroffenen sich innerlich, und alles nimmt seinen alten, routinierten Lauf.
Wenn beispielsweise ein Ehemann nicht den Mut findet, genau nachzuspüren, wie seine Gefühle zu seiner Frau nach vielen Jahren Ehe beschaffen sind, wird die Beziehung im Grunde auf Eis gelegt: Keine Veränderung ist mehr möglich. Vermutlich hatte er eine Ahnung, dass irgendetwas nicht stimmt, sie jedoch aus Angst vor einer unangenehmen Veränderung zur Seite gedrängt. Der Ehemann könnte bei genauem Spüren feststellen, dass er keine Liebe mehr für seine Frau empfindet; er könnte aber genauso gut herausfinden, dass zwar die Leidenschaft nicht mehr so da ist, dafür aber Liebe und ein tiefes Gefühl von Verbundenheit.
In manchen Situationen brauchen Menschen viel Mut, um ihre Gefühle in ihrer gesamten Tragweite zu spüren.

10. „Ich unterscheide zwischen Dingen, die ich ändern kann und Dingen, die ich nicht ändern kann."

Der oben genannte Satz kann eine große Hilfe sein, entspannter durchs Leben zu kommen.
Kommt der Zug zu spät, können Sie daran nichts ändern. Allerdings können Sie es sich zur Gewohnheit machen, unterwegs stets etwas zu lesen dabei zu haben, gegen allzu viel Langeweile oder Ärger.
Manchmal ist es gar nicht so einfach zu entscheiden, ob sich etwas ändern lässt oder nicht. Manche Paare z.B. ziehen noch nicht einmal in Erwägung sich zu trennen, obwohl sie miteinander todunglücklich sind. Sie gehen davon aus, dass ein getrenntes Leben gar nicht finanzierbar wäre oder die Kinder zu stark belasten würde, oder ... oder...
Die Tatsache, ob etwas änderbar oder nicht änderbar ist, hat auch Einfluss auf unser sogenanntes „schlechtes Gewissen": Kommt jemand beispielsweise viel zu spät, dann ist das Gewissen wahrscheinlich weniger beunruhigt, wenn der Grund für die Verspätung ein Verkehrsunfall auf dem Weg ist und nicht ein selbst verschuldetes Verschlafen.

11. „Wenn ich mich schäme, komme ich meinem inneren Wesen näher."

Scham wird häufig als etwas sehr Unangenehmes empfunden, als „peinlich"; am liebsten würde man „im Boden versinken". Scham zeigt sehr deutlich unser Innerstes, unsere Bedürfnisse, Ängste und Erwartungen.
Manche „peinlichen Momente" entstehen aufgrund unserer sozialen und kulturellen Konditionierung: In Europa wäre es beispielsweise für eine Frau undenkbar, „oben ohne" durch ihre alltägliche Welt zu laufen, während das in anderen Kulturen, wie bei einigen Stämmen in Afrika, normal ist.
Neben der „erlernten Scham", die gerade in dem angeführten Beispiel verdeutlicht wurde, gibt es noch die sogenannte „existenzielle Scham", die direkt mit der Persönlichkeit eines Menschen zu tun hat. Jemand schämt sich z.B., weil er nicht in der Lage ist, einem anderen Menschen die Wahrheit über eine sehr persönliche Sache zu sagen. An dieser Stelle wäre es sinnvoll zu fragen, was genau die Person davon abhält, die Wahrheit zu sagen. Ist es vielleicht Angst vor Zurückweisung? Oder Schüchternheit? Oder die feste Überzeugung, eh nichts wert zu sein? Was auch immer es ist, die Person könnte es wahrnehmen und versuchen sich mitzuteilen.
Ein anderes Beispiel für existenzielle Scham sind die Schuldgefühle und die Scham, die ein Mensch empfindet, wenn er jemanden belogen, verraten oder missbraucht hat.

Einen hervorragenden und leicht verständlichen Überblick zum Thema „Scham" gibt das Buch von Victor Chu und Brigitta de las Heras: „Scham und Leidenschaft"; siehe Literaturverzeichnis.

12. „Der Verstand ‚weiß' wenig von Gefühlen."

Verstand und Gefühl sind wirklich sehr verschieden und kommen sich gerne mal kräftig „ins Gehege". Der Verstand „weiß" zwar wenig von Gefühlen, bietet uns jedoch recht klare Vorstellungen davon an, was es heißen würde, unsere Gefühle auszuleben. Vielfach eine sehr sinnvolle Einrichtung!
Aber manchmal geht es auch genau darum, dem Gefühl zu vertrauen und sich von ihm leiten zu lassen. „Gefühle sind Mittel des Erkennens, und keine Denkhindernisse", meint zu diesem Thema Fritz Perls, der Mitbegründer der Gestalttherapie.
Ideal wäre es also, Verstand und Gefühle als „Team" zusammenarbeiten zu lassen. So können beide sich gegenseitig mit Informationen versorgen und uns helfen, die richtigen Entscheidungen zu treffen.

13 .„Wut löst keine Probleme."

Wut und Ärger sind häufig eine Reaktion darauf, dass etwas *fehlt.* Aus diesem Blickwinkel betrachtet gibt die Wut einen wichtigen Denkanstoß, nämlich herauszufinden, was fehlen könnte, und dieses Defizit – im idealen Fall – zu beheben. Doch hierfür ist es erforderlich, zunächst einmal die Wut *bewusst wahrzunehmen,* sie genau zu spüren, und gedanklich auch als Wut einzuordnen.
Wut allein reicht jedoch selten aus, um Probleme zu lösen. Hierfür werden die Kraft der menschlichen Verbindung benötigt und die Bereitschaft zur Kooperation.

14. „Ein kleiner Schritt kann ein großer Schritt sein."

Wenn ein kleiner Schritt in der persönlichen Entwicklung als „der richtige Schritt" empfunden wird, so ist dieser kleine Schritt in Wahrheit sehr groß!
Wichtig ist vor allem, dass die Entscheidung, einen gewissen Schritt zu machen, als persönliche und individuelle Lösung der Situation wertgeschätzt und respektiert wird, auch wenn diese Einschätzung *nicht* der Meinung der Menschen im näheren Umfeld entspricht!
Jeder muss sein eigenes Leben führen und eigene Entscheidungen treffen. Vertraute und geliebte Menschen dürfen gerne ihre Meinung äußern und vielleicht auch einen Rat geben. Die Entscheidung jedoch, was genau zu tun ist und was getan wird, liegt immer beim Betroffenen selbst.
Für Kinder gilt diese Aussage nicht – oder nur mit Einschränkungen. Aufgrund ihrer noch fehlenden Lebenserfahrung sind sie nämlich nicht in der Lage, jede Situation mit all ihren Facetten einzuschätzen.

15. „Widerstand ist Beistand und Kraft."

Wenn ein Mensch sich gegen etwas sperrt, also Widerstände aufbaut, gibt es dafür immer einen Grund. Oft werden alte, bereits in der Kindheit erlernte Muster angewandt, um besser oder überhaupt mit der Welt klarzukommen. So betrachtet kann Widerstand als Beistand angesehen werden und als absolut sinnvoll. Dennoch empfiehlt es sich, immer wieder genau zu prüfen, ob die Muster von damals auch heute noch sinnvoll sind, oder ob sie „überarbeitet" werden sollten.
In der generellen Bereitschaft, sich diesen alten Mustern zuzuwenden und quasi Widerstand gegen den Widerstand zu entwickeln, liegen sowohl ungeheure Kraft als auch ein großes Potenzial, sich als Persönlichkeit weiterzuentwickeln.
Spüren wir, dass wir in den inneren Widerstand gehen und uns gegen etwas wehren, könnten wir uns fragen: „Was könnte passieren, wenn ich *keinen* Widerstand leiste?" „Was wären die Folgen, wenn etwas geschehen darf ohne Gegenwehr?" „Wie könnte sich mein Leben dann verändern?"

16. „Freude an der Entdeckung des Mittelmaßes"

Höher, schneller, weiter – und natürlich mehr von allem!
Eine echte Bereicherung (im wahrsten Sinne!) kann jedoch in der Freude liegen, das Mittelmaß zu entdecken. Seine individuellen Ressourcen optimal für sich selbst zu nutzen ist wunderbar. Doch in den allermeisten Fällen wird es jemanden geben, der „besser" ist, der etwas schneller kann, dem mehr einfällt, der innovativere Wege geht, der ausdauernder ist etc.
Wieso sich also plagen? Warum Dinge versuchen, die ein Übermaß an Einsatz und Opfern erfordern würden? Dann doch lieber die eigenen Ziele nicht zu hoch stecken und stressfreier durchs Leben gehen!

17. „Mir darf es gut gehen, auch wenn es anderen schlecht geht."

Müssen Menschen sich „schlecht" fühlen, wenn es anderen schlecht geht? Müssen sie alle Krankheiten, Schicksalsschläge und Probleme von nahe stehenden Personen mit durchleiden? Ist das überhaupt möglich, ohne selbst Schaden zu nehmen?
Auf diese Fragen wird es mit Sicherheit von Situation zu Situation und von Mensch zu Mensch sehr unterschiedliche Antworten geben. Bei Anteilnahme und Hilfe gilt jedoch generell, sich selbst so weit zu distanzieren, dass man keinen Schaden nimmt. Besonders Menschen, die im sozialen Bereich arbeiten, sind hier gefährdet. Aber auch alle anderen, die Familienmitglieder oder Freunde um sich haben, denen es schlecht geht. Nur zu schnell droht man, im „Sumpf des Elends" mitzuversinken.

Viele kranke Menschen empfinden es als wohltuend, jemanden um sich zu haben, der zwar mitfühlend ist, aber auch voller positiver Energie und der sich nicht übermäßig mit dem Leiden identifiziert.

18. „Hinter einer inneren Verletzung steht meistens Ärger."

Spüren Menschen, dass sie von jemandem „verletzt" worden sind, ziehen sie sich mit ihren Wunden in sich zurück, teilweise unter Tränen, voller Traurigkeit oder gar Verzweiflung. Auf diese Art und Weise bleiben sie auf „Gefühlen sitzen", mit denen nur schwer umzugehen ist und die sich später zu starken Schuldgefühlen entwickeln können. Es lohnt deshalb, sich in einer solchen Situation folgende Fragen zu stellen: „Welchen Ärger, welche Wut verdränge ich gerade? Was hätte ich meinem Gegenüber am liebsten mitgeteilt, wenn ich dazu noch in der Lage gewesen wäre? Was verbirgt sich hinter den Tränen? Wie könnte ich meiner Wut Luft machen?"

19. „Über etwas lachen macht frei."

Dieser Satz trifft vor allem dann zu, wenn ein Mensch in der Lage ist, über sich selbst zu schmunzeln und zu lachen: über seine Fehler, seine Missgeschicke, seine Irrwege. Was ganz schön schwierig sein kann, bedeutet es doch auch, sich selbst nicht allzu ernst zu nehmen und sich von dem Gedanken zu lösen, alles stets richtig und fehlerfrei machen zu wollen.
Auch in Situationen, die alles andere als lustig sind, kann Humor, solange er nicht verletzend wird, zum Rettungsanker werden, um schwierige Lebensphasen zu überstehen. Nach dem Motto: Humor ist, wenn man trotzdem lacht.

20. „Alle Teile des Lebens sind wichtig."

Alle Lebensbereiche verdienen Beachtung, auch, wenn sie auf den ersten Blick als nicht ganz so wichtig erscheinen mögen. Wer Teile seines Lebens „klein" macht, vergibt die Chance, weiter innerlich zu wachsen.
Wenn Arbeit beispielsweise einzig und alleine aus dem Blickwinkel betrachtet wird, Geld zu verdienen, werden sehr wesentliche Aspekte, wie etwa der soziale Kontakt mit

Kollegen, Fortbildungsmöglichkeiten, Chancen der Veränderung etc. vollkommen vernachlässigt. Geld und materielle Besitztümer allein machen kein Leben aus. Alle Lebensbereiche sind wichtig; hier eine grobe Einteilung:

- das persönliche Umfeld (Familie, Freunde, Bekannte)
- Gesundheit
- Arbeit
- Freizeitgestaltung
- Werte und Normen (z.B. Religion, Moral, Ethik, Umwelt, Politik, Grundüberzeugungen etc.)

21. „In meiner Fantasie darf ich alles."

Unsere Gedanken und die Fantasie gehören wirklich uns ganz allein!
Im Kopf dürfen sich, wenn die Grenze zur Umsetzung in die Tat nicht überschritten wird, selbst die unmöglichsten Szenarien abspielen. Ob überhaupt und was genau von diesen Fantasien jemand anderem mitgeteilt wird, bleibt allein uns überlassen. Und manchmal wird dabei deutlich, dass Dinge, die in der Fantasie ganz wunderbar waren, in die Realität umgesetzt alles andere als toll sind!
Gehen Fantasien häufig in immer die gleiche Richtung, lohnt es sich zu prüfen, inwieweit die Fantasie auf einen Mangel hinweist, der behoben werden könnte. Stellt z.B. eine Frau sich ständig einen anderen Mann vor und nimmt ihren eigenen Mann kaum noch wahr, dann kann sie prüfen, was ihr an ihrem eigenen Mann fehlt.

B. Imaginationen und innere Bilder

1. Die Gedanken-Autobahn

Das innere Bild der „Gedanken-Autobahn“ beruht auf der biologischen Tatsache, dass sich Weiterleitungspunkte im Gehirn, sogenannte Synapsen, umso stärker ausprägen, je häufiger sie genutzt werden. Für oft gedachte Gedanken entsteht also auf Dauer eine schnelle, breite Weiterleitungsspur, eine Autobahn: Hier geht alles schnell, schließlich ist die Fahrspur breit und übersichtlich. Doch viel Neues trifft man nicht an! Gedanken, die ein Mensch häufig denkt, sind also etabliert, manchmal als Gedankenmuster regelrecht eingefahren.
Solche Gedanken können zum Beispiel sein:
„Immer werden andere in der Firma bevorzugt“, oder:
„Etwas, das mit Mathematik zu tun hat, kann ich nicht“, oder:
„Meine Familie mag mich nicht“, oder:
„Außerhalb von Europa ist es zu gefährlich“, oder:
„Morgens brauche ich auf jeden Fall erst einmal eine Tasse Kaffee“, oder:
„Ich kann diesen Mann einfach nicht vergessen, er war meine große Liebe“.

Doch abseits der „Gedanken-Autobahn“ bieten sich jede Menge parallel verlaufende „Fußwege“ an. Hier können *neue Gedanken* gedacht werden, die allerdings nur mühsam vorankommen, weil ihr Weg, die Synapsen im Gehirn, noch nicht in einem „ausgebauten“ Zustand ist: Der Pfad ist sehr eng, vielleicht bergig, oder es könnte Hindernisse geben. Eventuell muss sogar ein Umweg gemacht werden. Entsprechend langsam geht es hier voran und der Weg erfordert einiges an Aufmerksamkeit. Dafür aber gibt es auch Neues zu entdecken – sehr viel Neues! Vielleicht sind Dinge dabei, die Interesse wecken, die innerlich erfüllen oder einfach glücklich machen.
Bei dem inneren Bild der „Gedanken-Autobahn“ kommt es darauf an, genau *wahrzunehmen*, welche Gedanken immer und immer wieder gedacht werden. Manche sind für das alltägliche Leben sehr hilfreich und notwendig, und es ist gut, wenn sie recht schnell und routiniert über die Autobahn daherkommen. Dazu zählen beispielsweise Gedanken, die den morgendlichen Ablauf im Bad möglichst effizient gestalten, oder Gedankenfolgen, die beim Kochen immer wieder erfolgreich genutzt werden.
Geraten wir jedoch beispielsweise über eine Sache, die wir nicht beeinflussen können, ins Grübeln, dann sind solche Gedanken keine Unterstützung, sondern manchmal sogar sehr störend und quälend. In diesem Fall wäre es gut, die Grübeleien zu beenden

und sich mit anderen Gedanken zu beschäftigen. Nur so können sich Alternativen auftun und neue Blickwinkel gewonnen werden. Bildlich gesprochen beschreiten wir mit diesen alternativen Gedankengängen den „Fußweg".

Zusammenfassend kann Folgendes festgehalten werden:

- Zuerst sollten die eigenen Gedanken *genau wahrgenommen* werden.
- Durch die genaue Wahrnehmung rücken die Gedanken ins Bewusstsein.
- Anschließend kann *bewusst beurteilt* werden, ob diese Gedanken zu Recht auf der „Autobahn" fahren, weil sie das Leben zum Beispiel durch eine gewisse Routine erleichtern. Oder ob es neue, alternative Gedanken sind, die einen interessanten „Fußweg" entdecken können.
- Handelt es sich um die Entdeckung eines neuen „Fußweges", so ergeben sich daraus auch neue Möglichkeiten im Verhalten.

Die wichtigste Tatsache im Zusammenhang mit dem Bild der „Gedanken-Autobahn" ist jedoch: *Jeder Mensch kann seine Gedankengänge selbst steuern!* Jeder hat also die Möglichkeit, bewusst und verantwortlich zu agieren, sowohl in Gedanken als auch in Taten.

Das hier beschriebene Modell der „Gedanken-Autobahn" wurde von meiner Kollegin Daniela Hirzel entwickelt, um bestimmte neuronale Vorgänge des Gehirns anschaulich zu machen und für die persönliche Entwicklung nutzen zu können. Siehe auch Literaturverzeichnis: Antje Abram und Daniela Hirzel: „Fühlen erwünscht".

2. Die Angst an die Hand nehmen

Angst hat eine höchst unangenehme und penetrante Eigenschaft: Je mehr man sie zu verdrängen sucht, desto größer wird sie! Trotz aller Bemühungen, die Angst zur Seite zu drücken, gewinnt sie immer mehr Raum und wächst sich schlimmstenfalls zu schwerer Angst, Zwangshandlung oder Panikattacke aus.
Verdrängen wir die Angst jedoch nicht, sondern lassen sie – ganz im Gegenteil – an uns heran, können wir mit ihr umgehen. Geben wir der Angst Raum, wird sie wesentlich „handlicher" und weniger Furcht einflößend.

Stellen Sie sich nun eine Person, ein Tier oder ein Fantasiewesen vor, das Ihre Angst stellvertretend darstellt. Es könnte sich beispielsweise um eine große finstere Person handeln, um ein wildes Raubtier, um einen dunklen Schatten, um ein scharfes Werkzeug oder um einen dichten, undurchdringlichen Nebel.
Lassen Sie sich Zeit, etwas Angemessenes für sich selbst zu finden. Wenn Sie eine klare Vorstellung von Ihrer personifizierten Angst haben, so betrachten Sie diese genau und gehen dann einmal langsam um sie herum. Lassen Sie Ihre personifizierte Angst dabei nicht aus den Augen!
Wenn Sie sich an das Aussehen Ihrer Angst gewöhnt haben, dann stellen Sie sich vor, Sie nehmen diese Person oder dieses Wesen an die Hand. Sollte es sich um ein Tier handeln, so halten Sie vielleicht eine Pfote oder Ähnliches.
Machen Sie sich klar, dass die Angst, die Sie jetzt an Ihrer Hand halten, *ein Teil von Ihnen selbst* ist.
Gehen Sie nun mit Ihrer Angst an der Hand los. Sehr wichtig dabei ist: *Sie haben die Führung!*

Die Angst geht mit Ihnen mit, so wie ein kleines Kind an der Hand mit Ihnen mitgehen würde. Die Angst in Form der Person, des Tieres oder Fantasiewesens ist einfach nur dabei und geht an Ihrer Hand, dorthin, wo auch Sie hingehen.
Gehen Sie so lange mit Ihrer personifizierten Angst herum, bis Sie den Eindruck haben, dass die Angst ganz zu Ihnen gehört und dass Sie auch die Kontrolle über sie haben.

Diese Imagination können Sie auch im Bett durchführen, im Dunklen, wenn die Angst besonders gern die Kontrolle übernehmen möchte. Auch hier wird die Angst an die Hand genommen; sie liegt dann entsprechend neben der Hauptperson im Bett.
Es ist erstaunlich, dass die Angst gleich weniger Macht hat, wenn sie einen angemessenen Platz erhält!

3. Ballast abwerfen

Was schleppen wir nicht alles mit uns herum in unserem Leben: alle möglichen und unmöglichen Erinnerungen, Erfahrungen, von Eltern, Lehrern, Freunden oder Verwandten erlernte Sätze und Regeln, und, nicht zu vergessen, jede Menge Emotionen zu allen bereits benannten Bereichen! Teils sind die Gefühle angenehm und willkommen, teils aber auch sehr unangenehm und der derzeitigen Lebenssituation gar nicht mehr angemessen.
Die nun folgende Imagination „Ballast abwerfen“ versucht herauszufinden, was Sie getrost hinter sich lassen können.

Stellen Sie sich einen Rucksack vor, einen, der sehr groß ist und in den alles hineinkommt, was in Ihren Gedanken an emotionalem „Ballast“ präsent ist.
Sobald Sie diesen Rucksack gedanklich auf dem Rücken tragen, öffnet sich Ihr persönlicher Lebensweg vor Ihnen:
In welcher Lebensphase befinden Sie sich gerade?
Ist Ihr Weg zur Zeit leicht begehbar oder ist er eher steinig, eng, unübersichtlich und anstrengend?
Müssen Sie vielleicht einen Berg hinauf oder ein größeres Hindernis überwinden?
Welche Menschen könnten Sie unterstützen und welche wollen Sie eher an Ihrem Weg hindern?
Wenn deutlich ist, welche Art Weg Sie gerade gehen, versuchen Sie das Gewicht des Rucksackes zu spüren: Ist er eher leicht, mittelschwer oder kaum zu tragen?
Wenn der Rucksack zu schwer sein sollte:
Was können Sie auspacken? Was möchten Sie getrost hier auf dem Weg liegen lassen, weil Sie es nicht mehr brauchen?
Welche Erinnerung oder welcher Mensch behindert Sie, Neues zu entdecken?
Zu welchen Menschen, für die Sie keine direkte Verantwortung tragen (anders als dies z.B. bei Kindern oder pflegebedürftigen Angehörigen der Fall ist, die nicht für sich selbst sorgen können), möchten Sie lieber weniger oder keinen Kontakt mehr haben? Wie könnten Sie den Kontakt gestalten, dass der Umgang mit diesen Menschen leichter für Sie wird?

Auch materielle Dinge können aus dem Rucksack ausgepackt werden:
Leben Sie vielleicht allein oder zu zweit in einem großen Haus oder in einer sehr großen Wohnung? Könnte eine Verkleinerung erleichternd sein?
Haben Sie ein teures Auto oder eine gigantische CD-Sammlung oder sonstige Dinge, die Sie im Grunde gar nicht brauchen?

Was könnten Sie alles mit Ihrem Geld und Ihrer Zeit anfangen, wenn Sie nicht mehr so stark von materiellen Gütern abhängig wären?
Könnten Sie vielleicht weniger arbeiten, um dadurch mehr Zeit für sich selbst zu gewinnen und mit etwas weniger Geld auskommen?

Bei all diesen Fragen geht es immer um dasselbe: Ballast abzuwerfen. Um ein ständiges Überprüfen, was Sie brauchen und was Ihnen gut tut und darum, das Leben entsprechend einzurichten, wenn dies irgendwie machbar ist.

4. Den eigenen Film anschauen

Jeder Mensch hat seine eigene subjektive Wahrnehmung der Dinge und ist damit auf gewisse Weise in der eigenen Sichtweise „gefangen“ bzw. in diese „verstrickt“. Es kann deshalb hilfreich sein, wenn Freunde, Familienmitglieder oder Bekannte mitteilen, wie sie einen Menschen wahrnehmen. Das eigene Selbstbild wird so durch andere Perspektiven und Sichtweisen erweitert.
Doch auch ganz ohne andere Menschen kann man sich das eigene Leben als Film vorstellen:

In Ihrer Fantasie befinden Sie sich in Ihrem ganz persönlichen Film, der Ihr eigenes Leben darstellt.
Welche Rolle spielen Sie in dem Film?
Haben Sie überhaupt eine „Hauptrolle“ oder sind Sie ewiger „Nebendarsteller“?
Kommen Sie in fast jeder Szene vor, oder seltener?
Wie ist die „Ausstattung“ des Films? Welche Qualität haben die Requisiten und die Umgebung überhaupt?
Ist es ein eher ruhiger Film oder gibt es viel Action? Handelt es sich um einen „Problemfilm“ oder gar um ein Drama?

Sobald Sie einigermaßen konkrete Vorstellungen über Ihren eigenen Film haben, steigen Sie als Protagonistin oder Protagonist imaginär aus dem Film heraus und nehmen Sie dann im Kinosaal Platz. Jetzt schauen Sie sich den Film von außen an!
Nun können Sie sich selbst agieren sehen und von außen, im Kinosaal, eher die Rolle des beobachtenden Regisseurs einnehmen.
Welche Anmerkungen würden Sie als Regisseur über Ihren eigenen Film machen wollen? Welche Verbesserungsvorschläge haben Sie?
An welchen Stellen wirkt der Film authentisch und in welchen Situationen sind Lügen oder Heuchelei im Spiel?

Als Regisseur können Sie dirigieren und allen Mitwirkenden Anweisungen geben. Wenn Ihnen danach ist, können Sie aber auch den Kinosaal verlassen und eine Auszeit nehmen von diesem Film, der in eingefahrenen Bahnen läuft. Im wirklichen Leben käme das dem Entschluss gleich, mal in Ruhe ohne Störungen nachzudenken, Urlaub zu machen oder etwas ganz Neues zu beginnen.

Wichtig bei dieser Imagination des eigenen Films ist, dass Ihnen bewusst wird, *entscheiden zu können.* Sie sind kein „Opfer der Umstände“, sondern haben Wahlmöglichkeiten, den eigenen Film mitzugestalten.

5. Die Quelle der Kraft

Jeder Mensch trägt Energie und Kraft in sich. Manchmal sind jedoch Teile dieser Energien innerlich gebunden oder verdeckt und können nicht genutzt werden. Um wieder ein Gespür für die eigene, ursprüngliche Kraft zu bekommen, ist folgende Imagination sinnvoll:

Stellen Sie sich vor, Sie stehen auf einer Wiese und hören einen Bach rauschen. Sie folgen dem Geräusch des Wassers, bis Sie schließlich den Bach erreichen. Das Wasser ist sauber und klar und gurgelt geräuschvoll vor sich hin. Sie gehen nun gegen die Strömung am Rande des Baches einen Weg entlang. Sie sind ungestört, niemand außer Ihnen ist da, alles ist sicher und nur für Sie da. Der Bach wird im Laufe Ihrer Wanderung schmaler, bis Sie schließlich die Quelle erreichen. *Diese Quelle ist Ihre Quelle der Kraft!* Sie gehört Ihnen ganz allein, ist unverbraucht und rein.
Sie lassen sich dort an Ihrer Kraftquelle nieder und tun, was immer Sie wollen. Sie können beispielsweise aus der Quelle trinken oder darin plantschen. Vielleicht möchten Sie aber auch einfach nur dasitzen und sich ausruhen oder auch die nähere Umgebung erkunden. Was immer es sein mag: Sie dürfen alles tun, wonach Ihnen der Sinn steht! Sie müssen niemandem etwas erklären oder sich gar rechtfertigen. Es ist allein Ihr Platz, der Ort, wo Ihre Kraft in vollem Umfang Gestalt annimmt.
Bleiben Sie innerlich so lange bei Ihrer Kraftquelle, wie Sie mögen und wie es Ihnen guttut.
Wenn Sie sich irgendwann wieder auf den Rückweg begeben, schauen Sie sich die lebendige Flora und Fauna in der näheren und weiteren Umgebung des Baches an: All diese lebendige Vielfalt ist nur möglich durch Ihre Kraftquelle, die das nötige Wasser und die nötige Energie spendet! Und obwohl so viel Leben am Rande des Baches gedeiht, fließt das Wasser dennoch kraftvoll und unaufhaltsam weiter und findet seinen Weg.

In Gedanken können Sie jederzeit Ihre Kraftquelle innerlich aufsuchen und dort ausruhen und Energie tanken.

6. Das innere Team

Bei der Imagination des inneren Teams geht es um die verschiedenen Anteile einer Persönlichkeit, um die verschiedenen Rollen, die innerlich ihre Stimme erheben und ihre Meinung kundtun möchten. So besteht also der erste Schritt darin, sich Gedanken zu machen, wer da so alles in Ihnen „das Sagen" hat.
Zum besseren Verständnis werden einige Stimmen aufgelistet, die sich sehr häufig in den Köpfen von Menschen finden lassen:

- das schlechte Gewissen (z.B.: „Ich bin schuld, dass ...", „Hätte ich doch nur früher ..." etc.)
- der eigene kindliche Anteil (z.B. Trotz, Weglaufen, um sich schlagen, hilflos werden.)
- übernommene Anteile von der Mutter bzw. vom Vater
- Strenge, Disziplin (z.B.: „Jetzt stell dich nicht so an!", „Beiß die Zähne zusammen.")
- das negative Selbstbild (z.B.: „Dafür bin ich zu dumm.", „Ich kann das sowieso nicht.")

Besonders wichtig ist es, den gerade „im Kopf sprechenden" inneren Anteil genau zu bestimmen. Sollten Sie beispielsweise feststellen, dass einer Ihrer inneren Sätze in die

Kategorie „übernommener Anteil von der Mutter“ passt, so kann allein dies schon entlastend wirken. Ihnen wird nämlich klar, dass es sich um einen *erlernten* Satz handelt, der aber nicht unbedingt *Ihrem* Wesen oder Charakter entsprechen muss.
Ein solcher „übernommener Anteil von der Mutter“ könnte z.B. der Satz sein: „Du bist immer so egoistisch“, ein Satz, den die Mutter möglicherweise häufig ihrem Kind gegenüber verwendet hat. Auch wenn das Kind sich nach außen hin durchaus gegen diesen Satz gewehrt haben mag: Wurde er einmal verinnerlicht, ist für das nun erwachsene Kind daraus der Satz geworden: „Ich bin egoistisch. Deshalb funktioniert das alles nicht in meinem Leben.“
Das erwachsene Kind überprüft nicht mehr, ob es überhaupt ein *eigener* Satz ist, sondern übernimmt ihn meist unbewusst aus früheren Aussagen der Mutter.
Wem aber genau dieser Umstand klar wird, nämlich: „Das ist ja gar nicht *mein* Satz“, für den bestehen gute Chancen, sich von diesem Satz zu verabschieden und sich nicht mehr völlig unberechtigterweise „egoistisch“ zu fühlen.

Der Begriff des „inneren Teams“ stammt aus der Transaktionsanalyse. Der interessierte Leser sei an dieser Stelle auf das Literaturverzeichnis verwiesen: Ute Hagehülsmann „Transaktionsanalyse – Wie geht denn das?“
Von meiner Kollegin Daniela Hirzel wurde die Idee des „inneren Teams“ aufgegriffen, an die gestalttherapeutische Sichtweise angepasst und um einige Faktoren erweitert.

7. Probleme verbildlichen

Manche Probleme in unserem Leben erscheinen uns riesig, ja übermächtig. Oft wissen wir gar nicht, wie wir mit ihnen umgehen sollen. Sich Hilfe holen ist fast immer gut und empfehlenswert: Hilfe von Freunden, von Familienmitgliedern, von Arbeitskollegen oder auch professionelle Hilfe.
Um ein Problem für sich zu konkretisieren und damit auch der Lösung ein Stück näher zu kommen, ist es sinnvoll, sich das Problem bildlich so genau wie möglich vorzustellen. Welche Bilder und Imaginationen hier gefunden werden, kann natürlich von Mensch zu Mensch und von Problem zu Problem ganz unterschiedlich sein. Als Anregung finden Sie im Folgenden einige Vorschläge, wie das Problem als Bild aussehen könnte und welche Fragen hilfreich sind, um der Lösung eines Problems näher zu kommen.

Das Problem ist ein großer Berg. Wie genau sieht dieser Berg aus? Woraus besteht er (Sandstein, Granit etc.)? Wie sieht die den Berg umgebende Landschaft aus? Führen Wege auf den Berg hinauf oder um ihn herum? Was fällt besonders auf an dem Berg? Ist es sinnvoll, hinauf zu gehen oder zu klettern, oder gibt es noch andere Möglichkeiten? Gibt es einen Menschen oder mehrere, die mir helfen könnten mit diesem Berg?

Das Problem ist ein hinterlistiger Spion, der immer und überall plötzlich auftauchen kann. Wie könnte der Spion heißen? Ist es ein Mann oder eine Frau? Wie sieht er bzw. sie aus? In welchen Situationen taucht der Spion auf? Was ist am unangenehmsten an diesem Spion? Wie könnte der Spion gefangen oder entlarvt werden? Welche Menschen oder Hilfsmittel könnten für die Entlarvung hilfreich sein? Was wäre, wenn der Spion gar nicht beachtet würde?

Das Problem ist ein schweres Gewicht, das auf dem Körper lastet. Wie schwer genau ist das Gewicht? Welche Stellen des Körpers belastet es am meisten? Aus welchem Material besteht es? Gibt es jemanden, der beim Tragen helfen könnte? Wie genau ist das Gewicht auf den Körper gekommen und welche Personen spielen dabei eine Rolle? Gibt es Hilfsmittel, die beim Tragen nützlich sein könnten? Was wäre, wenn das Gewicht einfach zur Seite gelegt und nicht beachtet würde?

8. Unterstützung finden

Für jeden Menschen gibt es in den verschiedenen Lebensphasen andere Menschen, die unterstützend wirken: Zu Beginn des Lebens sind dies meist Familienmitglieder, später vermehrt auch Freunde, Erzieherinnen, Lehrer und Lehrerinnen oder Bekannte. In dieser Imagination geht es darum, sich genau zu überlegen, welche Menschen unterstützend wirken oder gewirkt haben. Es können sämtliche Lebensbereiche untersucht werden, aber auch nur Teilbereiche, wie z.B. das Arbeitsleben oder das Leben in der Familie.

Versuchen Sie sich zu Beginn auf sich selbst zu konzentrieren. Zu diesem Zweck richten Sie Ihre Aufmerksamkeit auf Ihren Körper. Spüren Sie genau nach, wie es Ihnen gerade geht. Versuchen Sie, der Atmung Ihre ganze Aufmerksamkeit zu schenken und so innerlich zur Ruhe zu kommen.
Nun vergegenwärtigen Sie sich eine Person, die Sie in Ihrem Leben unterstützt hat.
Diese Person stellen Sie jetzt imaginär hinter sich auf, an einen Platz, der Ihnen angemessen erscheint. Bei der Wahl des Platzes ist es wichtig, wie nah diese unterstützende Person hinter Ihnen stehen soll: Soll beispielsweise noch körperliche Berührung möglich sein, oder nicht? Und auch der Platz selbst sollte gut gewählt sein: in der Mitte, oder mehr an der Seite?
Wenn die erste unterstützende Person den für Sie richtigen Platz erhalten hat, spüren Sie genau nach, wie es sich anfühlt mit dieser Person im Rücken und überlegen Sie, was genau diese Person alles für Sie getan hat.

Wenn für die erste Person der Platz stimmig ist und genügend Gefühl und Gedanken über diese Person geflossen sind, dann können Sie in gleicher Weise mit der nächsten Person fortfahren: einen Platz suchen, spüren, die Gedanken fließen lassen. Dies führen Sie so lange weiter, bis alle unterstützenden Personen einen Platz hinter oder neben Ihnen gefunden haben.
Halten Sie dieses „Gesamtbild“ innerlich gut fest, sodass Sie es in jeder Situation, in der Sie Unterstützung brauchen, innerlich visualisieren können.
Wenn Sie mögen, können Sie von diesem Gesamtbild auch eine Skizze anfertigen, die Sie gut sichtbar aufhängen oder an einem geeigneten Ort aufbewahren.

9. Das innere Kind

„Das innere Kind“ bezeichnet den Teil in uns, der die kindlichen Standpunkte vertritt, ein Teil, der trotzig sein kann, der manchmal laut kreischt oder vor Freude hüpft oder außer Rand und Band ist. Das „innere Kind“ zeigt sich sehr lebendig und spontan, ungefiltert, ohne den Verstand eines Erwachsenen, der viele Regeln und Verbote bereithält.

Die Kunst besteht darin, die Anteile des „inneren Kindes“ nicht zu verlieren, ihnen aber auch nicht so viel Raum zu gewähren, dass sie in die „Erwachsenenwelt“ nicht mehr integriert werden können.
Im Interesse eines menschlichen Miteinanders gilt es, Regeln – geschriebene und ungeschriebene – einzuhalten. Dennoch ist jeder Mensch frei in der Wahl seines Umfeldes und der Menschen, mit denen er zu tun haben will.
Gehe ich beispielsweise an einem Tag in ein Kammerkonzert, wo ich mucksmäuschenstill sein soll, oder zieht es mich eher in eine Disco, wo ich nach Herzenslust herumtanzen kann? Wähle ich mir einen Beruf, der sehr viel Disziplin oder Präzision erfordert, oder möchte ich lieber spontaner arbeiten können?
In der nun folgenden Imagination geht es darum, die Bedürfnisse des „inneren Kindes“ näher kennen zu lernen.

Stellen Sie sich vor, Sie sitzen in einem schönen Park auf einer Bank. Das Wetter ist angenehm warm und außer Ihnen ist kein Mensch zu sehen. In der Ferne sehen Sie eine Schaukel. Einem Impuls folgend gehen Sie auf diese Schaukel zu. Dort angekommen sehen Sie ein Schild, auf dem steht: „Zeitschaukel in die Kindheit“.
Sie setzen sich auf die Schaukel und holen mit den Beinen Schwung, schaukeln hin und her. Bei jeder Schaukelbewegung merken Sie, wie Sie innerlich an Lebensjahren zurückgehen. Nach und nach spulen sich die wichtigsten Ereignisse Ihres Lebens vor Ihnen ab und Sie werden immer jünger und jünger.
Die Schaukel wird genau an dem Zeitpunkt in Ihrem Kinderleben anhalten, der für Sie persönlich ganz wichtig war. Wenn dieser Moment gekommen ist, steigen Sie von der Schaukel ab.

Kurz darauf sehen Sie ein Kind auf sich zukommen. Dieses Kind sind Sie selbst. Sie bleiben voreinander stehen und betrachten sich eingehend.
Schauen Sie das Kind genau an: Was nehmen Sie wahr? Wie sieht das Kind aus: seine Körperhaltung, sein Gesichtsausdruck? Was glauben Sie, wie das Kind sich fühlt? Welche Wünsche mag das Kind wohl haben?

Nun tauschen Sie innerlich die Rollen, und Sie versetzen sich in das Kind hinein: Als Kind betrachten Sie den Erwachsenen, der aus Ihnen einmal werden wird.
Wie finden Sie als Kind diesen Erwachsenen? Hätten Sie sich vielleicht eine andere Entwicklung für sich vorgestellt? Gibt es etwas, das Sie als Kind an dem Erwachsenen gar nicht wahrnehmen, was Sie sich aber wünschen würden?
Wenn Sie mögen, führen Sie nun einen inneren Dialog zwischen dem Erwachsenen und dem Kind, in dem Sie alles mitteilen können, was Ihnen am Herzen liegt. Ist alles gesagt, verabschieden Sie sich in einer angemessenen Form voneinander.
Als Erwachsener setzen Sie sich wieder auf die Zeitschaukel und schaukeln bis in die Gegenwart zurück.

Diese Begegnung mit dem „inneren Kind“ kann öfter wiederholt werden, um den Bedürfnissen von beiden, Kind und Erwachsenem, gerecht zu werden.

Es gibt sehr viel Literatur zum Thema „inneres Kind“. An dieser Stelle sei das Buch von Erika J. Chopich und Margaret Paul empfohlen: „Aussöhnung mit dem inneren Kind“ (siehe Literaturliste).

C. Handlungsvorschläge und Übungen

1. Schönes einsammeln

Nicht immer sind uns unsere schönen Erlebnisse und Erfahrungen vollkommen präsent. Oder uns ist nicht bewusst, von welchen Menschen wir in unserem Leben genährt und unterstützt werden: von Eltern oder anderen Familienangehörigen, von Freunden oder Bekannten. Und doch denken wir zuweilen gerne an besondere Erlebnisse zurück oder an Menschen, die wir vielleicht nur ein oder zwei Mal gesehen haben, die aber dennoch einen tiefen Eindruck hinterlassen haben.

Für all diese unterstützenden Momente und Aspekte unseres Lebens können Sie eine Art „Schatzkästchen" anlegen, das all die Dinge oder Fotos enthält, die Sie an die schönen Ereignisse und an geliebte Menschen erinnern: Alles was gefällt ist willkommen!
Um bei Bedarf viele verschiedene Dinge unterbringen zu können, ist es sinnvoll, ein nicht zu kleines „Schatzkästchen" zu wählen.
Hier nun einige Anregungen, was alles Platz in einem solchen Kästchen finden kann:

- Fotos
- ein Brief von einem wichtigen Menschen
- eine Haarsträhne
- eine getrocknete Blume (die vielleicht zu einem bestimmten Anlass geschenkt wurde)
- eine Eintrittskarte
- eine Urkunde oder ein Zeugnis
- ein Stein oder eine Muschel von einem schönen Ort
- ein selbst gemaltes Bild ...

Das „Schatzkästchen" kann immer mal wieder hervorgeholt werden, um in schönen Erinnerungen zu schwelgen und innerlich Energie zu tanken. Manchmal kann dies auch ein Auslöser sein, sich mit dem einen oder anderen Menschen nach längerer Zeit wieder in Verbindung zu setzen.

2. Problematisches verbrennen oder vergraben

Äußerlich erscheinen uns schwierige Dinge manchmal als „erledigt" und abgeschlossen, während dieser Prozess des Abschließens innerlich noch lange nicht erfolgt ist. Häufig bleibt ein Gefühl der Schwere und der Eindruck, dass irgendetwas noch nicht „fertig" ist.

Ein Beispiel soll das verdeutlichen:
Obwohl er ahnte, dass es für ihn nicht der richtige Studiengang ist, hat sich ein Sohn von seinem Vater zum Jurastudium überreden lassen. Er quält sich durchs Studium durch, um es dem Vater recht zu machen und einen Abschluss zu haben. Nach Jahren der Mühe schafft er sein Examen. Als er dann beginnt, als Jurist zu arbeiten, wird ihm immer deutlicher, dass er diesen Beruf überhaupt nicht ausüben will. Nach einiger Zeit stellen sich körperliche Krankheitssymptome ein, die der Sohn auf den ungeliebten Beruf zurückführt und so entschließt er sich, mit seinem Vater über alles zu reden und eine neue Ausbildung zu beginnen. Der Vater ist anfangs schockiert, respektiert aber schließlich die Bedürfnisse und Entscheidungen seines Sohnes.
Äußerlich scheint nun alles in Ordnung zu sein, innerlich aber fühlt der Sohn immer noch eine schwere Last, die er mit sich herumträgt. Es ist eine Art Groll und Wut auf den Vater, der ihn so stark in eine Richtung gedrängt hat, die er doch gar nicht einschlagen wollte. Außerdem ist der Sohn auch ärgerlich auf sich selbst, weil er bei seiner Studienwahl nicht selbstbewusster war.
Symbolisch kann der Sohn sich nun etwas Schweres, beispielsweise einen großen Stein, stellvertretend für seine innere Last suchen. Diesen Stein trägt er dann einige Zeit mit sich herum und spürt nach, welch großes Gewicht er hat. Wenn ihm die Zeit reif scheint, sucht er sich einen Ort, wo er den Stein vergraben kann – und mit dem Stein alles, was dieser symbolisiert! Das „Begräbnis“ kann in einem Wald stattfinden oder in einem Garten oder an einem anderen Ort, der als geeignet erscheint.
Der Stein könnte auch versenkt werden, in einem Fluss oder See. Die Hauptsache ist, dass der Sohn das Gewicht des Steins und den damit verbundenen Groll endgültig loslassen kann.

Wenn man etwas „ loswerden“ will, kann man es auch aufschreiben und anschließend die Aufzeichnungen verbrennen. Oder man kann Silvester die beschriebenen Zettel an eine Rakete binden und sie zur Explosion in den Himmel jagen. Der Fantasie sind keine Grenzen gesetzt!

3. Spannung loslassen

Muskuläre Verspannungen hängen häufig mit innerlicher Anspannung und Problemen zusammen. Dieser Verknüpfung von Körper und Seele widmet sich folgende Übung, die sowohl im Sitzen als auch im Liegen durchgeführt werden kann und der Entspannung dient:

Nehmen Sie eine liegende Position ein oder auch eine sitzende Position, in der Sie sich anlehnen können. Wenn möglich, schließen Sie die Augen und spüren Sie zuerst einmal Ihren Körper:

- Wo genau liegt Ihr Körper auf dem Boden? Wo genau berührt er die Sitzgelegenheit?
- Wo liegt mehr Gewicht auf, wo weniger?
- Gibt es Stellen, an denen Sie Druck oder Schmerz spüren?
- Gibt es Stellen, die sich irgendwie anders anfühlen, als der Rest des Körpers?

Wenn Sie all dies innerlich wahrgenommen haben, lenken Sie Ihre Aufmerksamkeit auf Ihren Atem. Es geht nicht darum, die Atmung zu verändern, sondern einfach nur darum, den Atem wahrzunehmen, wie er gerade fließt.
Anschließend versuchen Sie, *bei jedem Ausatmen* die Muskulatur etwas lockerer zu lassen. Wenn Sie in einer liegenden Position sind, stellen Sie sich vor, Sie sinken immer weiter in Ihre Unterlage oder den Boden hinein. Sollten Sie sitzen, können Sie sich ebenfalls vorstellen, ganz in den Stuhl oder Sessel hineinzusinken.

Wenn Sie mögen, können Sie diese Entspannung der Muskulatur mithilfe des Ausatmens auch auf bestimmte Körperteile konzentrieren, z.B. auf einen Arm, auf ein Bein oder auf den Rücken. Besonders das Gesicht ist häufig angespannt, v.a. rund um die Augen und um den Mund. Der Kiefer kann bewusst entspannt werden, indem der Mund leicht geöffnet wird und einfach „hängen" darf.

4. *Muss* ich das wirklich?

Manche Dinge in unserem Leben sind tatsächlich unumgänglich, weil sie z.B. der Existenzsicherung dienen oder uns davor bewahren, ernsthaft mit dem Gesetz in Konflikt zu geraten. Bei vielen anderen Dingen jedoch lohnt es sich zu prüfen, ob ein „Ich muss ..." ein wirkliches Müssen ist oder ob es nicht durch ein „Ich will ..." ersetzt werden kann.

Nehmen wir ein Beispiel:
Ein Abiturient lernt für seine letzten Prüfungen und stöhnt immer wieder: „Ich muss so viel lernen!" Muss er das wirklich? Will er die Prüfung schaffen, muss er vermutlich wirklich viel lernen, aber doch nur, weil er ein Ziel hat und dies erreichen will!
Man könnte die Aussage des Abiturienten also auch folgendermaßen formulieren: „Ich lerne so viel, weil ich mein Abitur schaffen will."
Was zunächst als eher kleiner Unterschied erscheint, hat dennoch eine große Wirkung. In der ersten Formulierung drückt sich eine Opferhaltung aus. Die Situation, in der sich der Abiturient befindet, scheint von ihm nicht zu beeinflussen zu sein: „Ich muss so viel lernen!" In der zweiten Formulierung hingegen wird sehr klar definiert, dass das Abitur ein selbst gestecktes Ziel ist, das er erreichen *will*.
Komplizierter wird die Sache mit dem *„Ich muss ...",* wenn einem diese Aussage von anderen angetragen wird. So sagt z.B. eine Frau zu ihrem Lebenspartner: „Du musst noch dringend die Lampe im Flur anbringen."
Der Mann ist vielleicht sehr müde, oder er möchte viel lieber etwas essen oder Nachrichten schauen ...
Muss er also genau jetzt die Lampe montieren, obwohl er das gar nicht will? Gibt es Alternativen, z.B. einen anderen Zeitpunkt, an dem er nicht so müde ist? Oder könnte eine andere auf diesem Gebiet viel versiertere Person die Lampe anbringen?
Wie kann der Mann seine Bedürfnisse vortragen, ohne dass seine Partnerin sauer wird? Wählt er die Alternative „Zeitpunkt", so ist es günstig, verbindlich eine andere Zeit festzulegen, z.B. „am kommenden Samstag". Bis dahin wird einfach eine Taschenlampe in den Flur gelegt. Oder wenn er selbst technisch nicht so begabt ist, könnte der Mann einen Freund bitten, ihm behilflich zu sein.

5. Sich „klein" machen? – Nein danke!

Kennen Sie das: Sich selbst viel kleiner zu machen, als man eigentlich ist? Sich beeindrucken lassen von anderen, die einem weismachen wollen, dass man das alles nicht so gut kann, oder längst nicht so gut aussieht, oder generell eine Niete ist, .. oder ... oder. Die nun folgende Übung soll dazu beitragen, sich wieder „größer" zu fühlen:

Suchen Sie sich einen bequemen Platz, am besten ein großes Sofa, eine Matratze oder einen weichen Teppich. An diesem Platz machen Sie sich nun so klein wie Sie nur können, wie ein Paket, das

demnächst verschickt werden soll. Sie können dabei auf der Seite liegen, aber auch auf dem Rücken oder auf den Beinen, Hauptsache, Sie ziehen sich ganz eng zusammen.
Wenn Sie diese enge Position eingenommen haben, verharren Sie darin und spüren Sie nach, wie es Ihnen damit geht:

- Wie fühlt sich die Atmung an?
- Wo ist besonders viel Druck zu spüren?
- Wo müssen Sie viel Kraft einsetzen, um diese Körperhaltung einzunehmen?
- Wann kommt der Zeitpunkt, wo diese Körperhaltung viel zu anstrengend oder schmerzhaft wird?

Wenn Sie all diesen Fragen nachgespürt haben, fangen Sie langsam an, „größer" zu werden. Ihre Aufgabe ist es, nach und nach mehr Raum einzunehmen, egal ob in der Horizontalen oder in der Vertikalen. Recken und strecken Sie sich und sagen Sie sich innerlich, dass Sie in Wahrheit gar nicht „klein" sind, sondern sehr wohl zu viel mehr in der Lage, als es Ihnen andere weismachen wollen!
Wenn Sie möchten, formulieren Sie Sätze zu dem Prozess Ihres „Größer-Werdens", wie z.B.:

- Ich weiß, was ich kann und wo meine Grenzen liegen. Das müssen mir andere nicht sagen.
- Ich schaffe das schon. Und wenn nicht, kann ich mir immer noch Unterstützung holen.
- Andere machen auch Fehler, das ist normal.

6. Konkretisierung bei Sorgen und Ängsten

Unser Kopf ist stark damit beschäftigt, unser Tun zu durchdenken, zu planen, zu organisieren. Wir machen uns Gedanken über alles, was um uns herum passiert und wahrscheinlich noch passieren wird.
Bis zu einem bestimmten Punkt ist all dies sinnvoll. Manchmal gibt es allerdings Themen oder Zukunftsvisionen, die wir einfach nicht mehr aus dem Kopf bekommen. Unermüdlich ziehen dieselben Denkschleifen ihre strapazierenden Bahnen. Bei den so entstehenden Sorgen und Ängsten macht es Sinn, sie sich *ganz konkret* anzuschauen und herauszufinden, was schlimmstenfalls passieren könnte.

Ein Beispiel:
Ein junger Mann sieht auf der Party eines Freundes eine Frau, die er sehr anziehend und interessant findet, traut sich aber nicht, sie anzusprechen. Er macht sich Sorgen, dass er selbst nicht attraktiv genug ist, dass sie ihn langweilig finden könnte, dass er sowieso nicht „ihr Typ" ist und dass er wahrscheinlich nur dummes Zeug stottert, wenn er sie doch ansprechen würde. Seine Gedanken kreisen permanent in diesen und ähnlichen Denkdimensionen.
Doch was könnte *wirklich* schlimmstenfalls passieren, wenn er die Frau ansprechen würde?
Er könnte abgewiesen werden, vielleicht sogar abfällig und laut, sodass es alle anderen mitbekommen.
Tut er jedoch gar nichts, könnte er sich noch tagelang darüber ärgern, dass er nicht mutig genug war, die Frau anzusprechen. Schließlich entwickelt er Fantasien darüber, was er alles verpasst hat, ... vielleicht viele glückliche Jahre mit ihr!
Wenn der junge Mann also von Anfang an in Betracht zieht, abgewiesen zu werden, hat er im Grunde nicht mehr viel zu verlieren: Wenn sie nichts von ihm möchte, dann war es einen Versuch wert. Wenn sie ihn aber nett findet, hat sich sein Mut gelohnt.

Bei einer Zurückweisung ist vor allem wichtig, *nicht* alles direkt auf *sich selbst* zu beziehen. Schließlich spielen nicht nur Faktoren des jungen Mannes eine Rolle (Auftreten, Aussehen, Ausstrahlung etc.), sondern auch die Frau ist maßgeblich am Kontakt beteiligt. In welcher Stimmung mag sie gerade sein? Vielleicht ist sie fest mit jemandem liiert oder zu diesem Zeitpunkt sehr mit sich selbst beschäftigt. Auf all dies hat der Mann keinen Einfluss und muss von daher eine Zurückweisung auch nicht persönlich nehmen.

Treten zwei Personen zueinander in Kontakt, so kann jede die Situation zu jeweils 50 % beeinflussen. Für die eigenen 50 % sollte man die Verantwortung übernehmen, auf die anderen 50 % jedoch hat man keinen Einfluss!

7. Den Blick auf die eigenen Ressourcen lenken

Es ist die alte Frage: „Ist das Glas halb voll oder halb leer?", die im übertragenen Sinne bedeutet: „Schaue ich auf all das, was ich kann, oder auf all das, was ich nicht kann?" Ersteres macht zufriedener!
Vielen Menschen ist allerdings gar nicht klar, was sie alles können und welche enormen, noch ausbaufähigen Ressourcen in ihnen schlummern. Erstellen Sie für dieses Thema doch einfach mal ein sogenanntes „Ressourcenfeld":

Nehmen Sie ein großes Blatt Papier, mindestens DIN A3, und schreiben Sie alles auf, was Sie gut können; außerdem alle Charaktereigenschaften, die zu diesem „Gut-Können" in irgendeiner Form etwas beitragen.
Sie können das Blatt ganz schlicht mit einem blauen oder schwarzen Stift beschriften. Es ist aber auch möglich, bunte Stifte oder Farbe zu verwenden, die Wörter bunt zu gestalten oder noch etwas zu malen – wenn Ihnen der Sinn danach steht. Auch Fotos oder Bilder aus Zeitungen und Illustrierten eignen sich wunderbar für den gestalterischen Prozess.

Hier einige Beispiele, was auf einem Ressourcenfeld alles stehen könnte:
Spaß an der Bewegung, Kreativität, Fürsorglichkeit, auf gesundes Essen achten, Intelligenz, Empathie, Ausdauer, Freunde, in der Natur sein, Liebe, Spaß haben, Willenskraft, Organisiert-Sein, Glaube, Hoffnung, körperliches Wohlbefinden, Rückhalt durch die Familie, auf andere Menschen zugehen können, Sprachgewandtheit, Toleranz, Durchsetzungsvermögen, Offenheit, Sanftmut, Lust am Sex, auch mal nichts tun können, andere respektvoll behandeln, Selbstbewusstsein, Lernwilligkeit, handwerklich begabt, gutes logisches Denken, sich an kleinen Dingen erfreuen können, realistische Ziele setzen können, gut kochen können, ...
Legen Sie das so entstandene Ressourcenfeld an einen Ort, den Sie häufig aufsuchen oder hängen Sie es an eine Stelle, wo Sie es oft anschauen können, um alle Ihre Ressourcen immer wieder zu verinnerlichen.

8. Ruhe und Erdung

Diese Übung können Sie an jedem Ort und in jeder Körperhaltung ausführen. Ziel ist es, in hektischen, unruhigen oder verwirrenden Zeiten einen Moment der Ruhe zu finden und sich zu erden. Mit Erdung ist gemeint, „auf den Boden zurückzukommen", wieder zu sich selbst zu finden und den eigenen Körper bewusst wahrzunehmen. Der Kontakt zum Boden vermittelt ein Gefühl der Sicherheit, selbst wenn es sich nicht um einen direkten Kontakt zur Erdoberfläche handelt, wie beispielsweise auf einer Wiese oder in einem Garten. Auch den Fußboden im neunten Stock eines Hauses kann man zur Erdung nutzen.

Setzen Sie die Füße mit der vollen Fläche auf den Boden. Gehen Sie anschließend mit Ihrer Konzentration und Ihrem gefühlsmäßigen Gewahrsein zu den Füßen hin: Versuchen Sie Ihre Füße so deutlich wie irgend möglich zu spüren und nehmen Sie ebenfalls den Boden unter den Füßen genau wahr.
Als Hilfestellung kann Ihnen die Vorstellung dienen, dass sich an Ihren Füßen Wurzeln bilden, die in die Erde hineinwachsen und dort Halt und Sicherheit finden. Wenn sich Ihr Kopf mit anderen Gedanken beschäftigen will anstatt mit der Aufmerksamkeit bei den Füßen zu bleiben, kann es sinnvoll sein, Sätze zu denken wie z.B.:
„Ich spüre meine Füße, sie verwurzeln sich.“ Oder:
„Ich spüre meine Füße, ich bin ganz ruhig und entspannt.“ Oder:
„Ich spüre, wie sich mein rechter Fuß anfühlt, und ich spüre, wie sich mein linker Fuß anfühlt.“ Oder:
„Meine Füße verwurzeln sich und mein Atem wird ruhiger.“

9. Innerlich ausmisten

Wenn Sie innerlich ausmisten und aufräumen wollen, stellen Sie sich dabei folgende Fragen:

1. Wer oder was nährt und unterstützt mich? Wer oder was tut mir gut?
2. Wer oder was zehrt an mir und raubt mir Energie und Nerven?

Es ist empfehlenswert, eine Liste anzulegen, in der nicht nur die entsprechenden Personen und Dinge benannt werden, sondern dass diese auch zusätzlich gewichtet werden. Auf einer Skala von 1 bis 10 wird erfasst, wie ausgeprägt z.B. die Unterstützung einer Person ist oder wie stark ein Job Energie abzieht.
Ein vertrauensvoller Ehepartner beispielsweise, der viel Rückhalt und Liebe gibt, könnte bei Frage 1 eine 9 erhalten. Hier sind also die hohen Werte als sehr positiv anzusehen.
Wird bei Frage 2 einer ewig mit Problemen beladenen, jammernden Freundin allerdings eine hohe Ziffer zugeteilt, beispielsweise eine 8, dann ist dies eher negativ zu bewerten und bedeutet gegebenenfalls weniger Kontakt mit ihr oder dass eine Aussprache sinnvoll sein könnte.
Wenn Sie Ihre Liste fertig gestellt haben, tritt deutlich zu Tage, wer oder was in Ihrem Umfeld wirklich nährend und unterstützend wirkt. Diese Kontakte und Faktoren sollten Sie unbedingt pflegen oder noch ausbauen. Kräftezehrende Kontakte und Faktoren hingegen sollten Sie einschränken, oder, wenn möglich, ganz „über Bord werfen“.

10. Sich selbst anpreisen

In dieser Übung geht es darum, ein Gespür für den eigenen Selbstwert zu entwickeln. Stellen Sie sich vor, dass es um die Erstellung eines Werbespots geht: Das „Produkt“ sind in diesem Fall Sie selbst und Ihre besten Eigenschaften sollen gut ins Bild gesetzt werden. In diesem ganz speziellen Werbespot soll es aber ehrlich zugehen. Es wird also wirklich nur das angepriesen, was der Realität entspricht.

Zur Vorbereitung dieser Übung müssen Sie sich zunächst Ihre eigenen positiven Eigenschaften vor Augen führen und am besten direkt aufschreiben. Anschließend können Sie überlegen, welche Form der Werbespot haben soll. Hier ein paar Möglichkeiten:

1. Die positiven Eigenschaften werden geradeheraus angepriesen, indem konkrete Beispiele benannt werden.
Ein handwerklich begabter Mensch könnte z.B. erzählen, dass er morgens ein Regal in Rekordzeit aufgebaut hat, mittags dem klemmenden Garagentor beigekommen ist und abends den tropfenden Wasserhahn trockengelegt hat. Übertreibungen sind natürlich erlaubt, nur sollte der Kern der Aussagen der Wahrheit entsprechen.

2. Im Spot wird ein Experiment durchgeführt, das die positiven Eigenschaften sehr gut zur Geltung bringt.
Ein sehr kreativer und improvisationsfreudiger Menschen könnte z.B. die Aufgabe erhalten, ein Geschenk einzupacken, ohne die klassischen Materialien wie Geschenkpapier, Tesafilm und Bänder dafür zur Verfügung zu haben. Stattdessen wird das Geschenk vielleicht in einer schicken alten Socke verpackt oder in Aluminiumpapier aus der Küche, zusammengeklebt mit Etiketten für die Tiefkühltruhe.

3. Der Spot gerät eher witzig, z B. durch sehr starke Übertreibungen oder überzogene Vergleiche mit anderen. Dennoch sollte immer klar sein, dass es sich um wirklich tolle Eigenschaften handelt, die dort beworben werden!
Beispielsweise könnte eine Frau, die ein gutes Gespür für Stil, Aussehen und Kleidung hat, sich mit Paris Hilton vergleichen, allerdings mit dem Unterschied, dass sie diese Hotelerbin natürlich um Längen abhängt, und zwar nicht nur mit ihrem Outfit, sondern vor allem mit ihrem Stil und ihrer Intelligenz.

Wenn Sie sich für eine Form des Werbespots entschieden haben, notieren Sie sich Ihre Ideen und üben Sie anschließend die Präsentation Ihrer Selbstanpreisung vor dem Spiegel. Wenn Sie sehr mutig sind, können Sie sich damit auch vor einem Menschen präsentieren, der Ihnen wohlgesonnen ist und Ihnen ein Feedback zur Wirkung geben kann.

11. Standbein und Spielbein

Nehmen Sie einen sicheren Stand ein und verlagern Sie anschließend Ihr Gewicht auf ein Bein, das sogenannte Standbein. Achten Sie darauf, dass Sie immer noch sicher stehen. Wenn dies der Fall ist, fangen Sie an, das andere Bein, Ihr Spielbein zu bewegen. Probieren Sie aus, welche Art von Bewegungen und „Verrenkungen" möglich sind, ohne aus dem Gleichgewicht zu geraten.
Diese Körperübung lässt sich auf verschiedene Lebensbereiche und Dinge übertragen. Dazu zwei Beispiele:

1. Das Standbein stellt Ihre Herkunft dar, Ihre Familie, Ihre Kultur – alles, worauf Sie keinen Einfluss gehabt haben. Das Spielbein hingegen steht für Ihren freien Willen, für selbstständige Entscheidungen, für das Erreichen von selbst gesteckten Zielen und dafür, dass Sie Ihren persönlichen Lebensweg finden.

Wenn nun beispielsweise eine Situation eintritt, in der Sie sich aufgrund Ihrer Herkunft innerlich sehr gefangen fühlen, kann diese einfache Übung deutlich machen, dass das Standbein, die Herkunft, zwar starr und unbeweglich ist, das Spielbein aber ganz und gar nicht! Ihnen bleibt ein sehr großer Handlungsspielraum, den das Standbein Ihnen überhaupt erst *ermöglicht*. Ihre Herkunft ist die Basis für alle weiteren persönlichen Aktivitäten.

2. Das Standbein steht für Ihre momentane Lebenssituation, mit all ihren vertrauten Komponenten und Sicherheiten. Das Spielbein stellt dagegen eine neue Herausforderung dar, vielleicht beruflicher Natur oder auch eine neue Liebesbeziehung.
Überlegen Sie, ob es momentan eine neue Herausforderung für Sie gibt. Wenn Sie „fündig" geworden sind, suchen Sie sich einen Aspekt für das Standbein, das für Ihre gesamte Lebenssituation steht. Das zweite Bein, Ihr Spielbein, steht hier stellvertretend für die neue Herausforderung. Wie beweglich ist Ihr Spielbein? Experimentieren Sie mit dieser Beweglichkeit, ohne insgesamt das Gleichgewicht zu verlieren.
Könnte es sein, dass das Spielbein seinen Aktionsradius ausweiten will und etwas unternimmt, das das Standbein dazu „verführt", seine Standfestigkeit und Sicherheit für einen Moment aufzugeben?

Egal, wofür Standbein und Spielbein symbolisch auch stehen mögen: Wichtig ist, dass Sie sich innerlich ganz auf die gegebene Situation konzentrieren, sich die beteiligten Menschen beispielsweise genau vorstellen. Außerdem ist die gefühlsmäßige Wahrnehmung wichtig: Wie erleben Sie Ihr Standbein, wie Ihr Spielbein? Was spüren Sie?

Oft hält der Körper bei solchen Fragestellungen und Themen weit mehr Hilfestellung bereit, als sich viele Menschen vorstellen können!

12. 100 Einheiten Energie am Tag

Stellen Sie sich vor, Sie haben 100 Einheiten Energie am Tag zur Verfügung. Wofür genau haben Sie z.B. gestern Ihre Energie verwendet? Bedenken Sie dabei: Sowohl körperliche Anstrengungen als auch psychische Strapazen kosten Energie.

Welche Menschen haben Sie als sehr anstrengend empfunden? Welche Aufgaben haben Sie nur höchst widerwillig erledigt und welche Situationen haben Sie als nervig empfunden? Gab es Streit, oder gar persönliche Angriffe oder Beleidigungen? Manchmal sind es die äußerlich eher klein wirkenden Dinge, die viel Energie rauben. Hinterher braucht man relativ viel Zeit, um wieder ins innere Gleichgewicht zu kommen.
Fertigen Sie eine Liste mit all den Dingen an, die Sie gestern – oder an jedem beliebigen Tag Ihrer Wahl – getan und erlebt haben. Anschließend versuchen Sie, den einzelnen Faktoren und Tätigkeiten Energieeinheiten zuzuordnen. Beginnen Sie mit dem, das Sie an diesem Tag am meisten angestrengt hat, also die größte Anzahl von Energieeinheiten verschlungen hat. Wenn es Tätigkeiten gab, die Sie überhaupt nicht angestrengt haben, notieren Sie dementsprechend 0 Einheiten.
Ein Streit mit einem Kollegen könnte beispielsweise 30 Energieeinheiten gekostet haben, die Fahrt in einer vollkommen überfüllten Straßenbahn zehn Einheiten und das abendliche Kochen vier Einheiten.

Es kommt bei dieser Übung nicht so sehr darauf an, dass Sie am Schluss genau alle 100 Energieeinheiten verteilt haben. Vielmehr soll deutlich werden, worauf Sie am meisten Energie verwendet haben.

Wenn Ihre Liste fertig ist, streichen Sie die drei Dinge an, die die meiste Energie gekostet haben und überlegen Sie, ob und wie Sie daran etwas zum Positiven verändern können. Auch die drei Dinge mit dem niedrigsten Energieverbrauch sollten markiert werden. Sie können dann darüber nachdenken, ob es sich um etwas handelt, das Sie zur Steigerung Ihres Wohlergehens noch ausbauen können.

13. Was ich als Kind wollte ...

Setzen Sie sich in Ruhe an einen ungestörten Ort und stellen Sie sich folgende Frage: „Was habe ich mir als Kind vorgestellt, das ich als Erwachsener tun möchte?"
Nehmen Sie sich Papier und Stift und versuchen Sie aus der Erinnerung aufzuschreiben, was Sie sich als Kind zu diesem Thema vorgestellt haben. Versuchen Sie dabei möglichst wenig nachzudenken oder sich zu „zensieren". Was Sie notieren, kann ruhig etwas wirr sein, manchmal reichen Stichpunkte. Auch eine chronologische Ordnung ist nicht nötig.
Wenn Ihnen für die Liste nichts mehr einfällt, gehen Sie die Punkte nacheinander mit folgender inneren Frage durch: „Habe ich diese kindliche Vorstellung wirklich in die Tat umgesetzt? Welche Beweggründe hatte ich als Erwachsener, diese Vorstellung umzusetzen oder auch nicht?"
Spüren Sie bei dieser Aufgabe Ihren Gefühlen nach: Gibt es bei manchen Punkten vielleicht Freude, vielleicht auch Trauer oder Wut? Gibt es ein Gefühl des Stolzes? Spüren Sie ein Bedauern, manches nicht verwirklicht zu haben? Welche anderen Gefühle kommen sonst noch bei Ihnen hoch?
Am Ende dieser Übung schauen Sie auf Ihre Liste und überlegen Sie, welche Punkte in Ihrem Leben noch verwirklicht werden wollen und können.
Welcher Kindheitstraum will noch erfüllt werden?
Welche Erfahrungen wollen noch gemacht werden?

Manchmal muss man über längere Zeit planen, sparen oder organisieren, bis ein Kindheitstraum erfüllt werden kann. Doch verlieren Sie Ihr Ziel dabei nicht aus den Augen! Sie wären nicht der Erste, der etwas heiß Ersehntes so lange aufgeschoben hat, bis es nicht mehr möglich ist, z.B. aus gesundheitlichen Gründen.

II.
Liebe, Partnerschaft & Freunde

A. Unterstützende Sätze

1. „Schuld kann mir niemand geben, ich kann nur selbst Schuld nehmen."

Bestimmt kennen Sie das: Jemand steht vor Ihnen und sagt vorwurfsvoll: „Du bist Schuld." Und zack, ohne dass Sie das Gesagte näher geprüft haben, breiten sich Schuldgefühle in Ihnen aus. Sie fühlen sich schlecht, vergegenwärtigen sich, welchen Anteil Sie an diesem Dilemma haben und tragen die Schuld mit sich herum!
Das Wichtigste in einer solchen Situation ist, das Gesagte nicht direkt in sich aufzunehmen, sondern zunächst einmal innerlich zu prüfen, ob es tatsächlich eine persönliche Schuld gibt. Hierbei ist es hilfreich, zwei verschiedene Arten von Schuld zu unterscheiden:

a) Existenzielle Schuld

Jemand der mordet, vorsätzlich betrügt oder betrunken Auto fährt und einen Unfall verursacht, lädt existenzielle Schuld auf sich. Doch nicht immer liegen die Dinge so einfach: Es kann beispielsweise passieren, dass eine völlig unschuldige Person in Notwehr einen Angreifer tötet. Auch wenn es juristisch zum Freispruch kommt, bleiben doch in vielen Fällen Schuldgefühle.

b) Nicht-existenzielle Schuld

In diese zweite Kategorie fällt so ziemlich alles, was nicht unter Kategorie a) zu fassen ist, wie zum Beispiel:

- Schuld, dass es zur Trennung kommt
- Schuld, dass zu wenig Geld da ist
- Schuld, sich zu wenig um die eigenen Kinder zu kümmern
- Schuld, dass es mit der Freundschaft nicht mehr klappt
- Schuld, zu wenig Zeit zu haben (für Familie, Beziehung, Freizeit, Nähe, Erlebnisse etc.)

Wenn es also um eine nicht-existenzielle Schuld geht, ist genau zu prüfen, *wie viel Anteil Sie selbst an der Situation haben.* Geht es wirklich um eine Schuld, für die Sie die Verantwortung übernehmen sollten – oder nicht? Denn Vorsicht: Oft wollen uns andere manipulieren, indem sie uns Schuld vorwerfen, die gar nicht gerechtfertigt ist!

Zum Thema „Schuld" siehe auch in diesem Kapitel II: „Schuldgefühle halten mich vom Partner innerlich fern" (A 13).

2. „Ich finde mein Glück selbst. Ich warte nicht darauf, dass es mich findet."

Vom Glück gibt es wahrscheinlich so viele verschiedene Vorstellungen wie es Menschen gibt! Oft ist aber das Gefühl des Glücks an andere Menschen gebunden, und das umso mehr, je näher wir ihnen innerlich stehen.
Auf jemanden oder auf etwas *zu warten* ist jedoch nicht besonders hilfreich. Selbst sein Leben in die Hand nehmen, selbst dafür sorgen, eine schöne Scheibe vom Glück abzubekommen, ist die Devise. Dies bedeutet zum einen, in die Welt hinauszugehen, sei es ins Café um die Ecke oder eine Reise zu unternehmen. Und zum anderen bedeutet es, mutig zu sein.
Warum nicht einmal einen Mann bzw. eine Frau ansprechen, die Ihnen gut gefällt oder sehr sympathisch ist? Warum nicht mal an einem Kurs teilnehmen und dabei etwas ausprobieren, das Sie noch nie zuvor getan haben? Und warum nicht mal einen Schlussstrich unter eine Beziehung setzen, die Ihnen zwar viel bedeutet, die aber nur Leid und Kummer mit sich bringt?
Es gibt eine Redensart, die die oben geäußerten Gedanken schön zusammenfasst: „Warte nicht auf Wind, nimm selbst das Ruder in die Hand."

3. „Liebe ist Liebe."

Es könnten ganze Bibliotheken gefüllt werden, mit zahllosen Büchern, die sich mit der Liebe in all ihren Facetten beschäftigen. Schon allein die Frage „Was ist Liebe?" bringt viele Definitionen und Interpretationen hervor. Doch ob diese etwas mit der Realität der Liebe zu tun haben, kann Ihnen im Grunde nur Ihr Gefühl sagen. Entweder spüren Sie Liebe, oder Sie spüren sie eben nicht.
Die Liebe kommt in den verschiedensten Formen daher, mal mit, mal ohne sexuellen Anteil, doch es bleibt immer Liebe. Sie kann schnell mitten ins Herz treffen, sie kann sich auch langsam im Inneren ausbreiten. Und ebenso schnell wie sie manchmal kommt, ist sie dann auch recht schnell wieder verschwunden oder nimmt in minimalen Dosen über einen längeren Zeitraum immer mehr ab.
Der Satz „Liebe ist Liebe" kann Ihnen zu mehr Gelassenheit verhelfen, wenn Ihre Gedanken sich gar zu sehr mit der Liebe beschäftigen und keinen Raum mehr für anderes lassen. Es gibt an der Liebe im Grunde nicht viel zu erklären; sie ist einfach da oder eben nicht, und diese Gefühlswelten entziehen sich schlicht und ergreifend Ihrer Kontrolle. Dies gilt es zu akzeptieren, auch wenn Ihr logisch-analytischer Kopf manchmal schier darüber verzweifeln könnte!
Wir suchen uns nicht aus, in wen wir uns verlieben – es passiert einfach und oft versteht unser Verstand es nicht. So ist das eben.

4. „Beziehung ist ewiges Verhandeln."

Eine Beziehung ist ein höchst lebendiges Gebilde und somit ständig Veränderungen unterworfen, die sowohl durch äußere Einflüsse ausgelöst werden können als auch durch innere Prozesse der einzelnen Partner. Deshalb besteht die Notwendigkeit, in

konstruktiver Form miteinander zu kommunizieren und die jeweiligen Grenzen, Aufgaben und Freiheiten des Einzelnen immer wieder neu abzustecken.
Das Wichtigste ist zweifellos, miteinander im Gespräch zu bleiben, mit einer grundsätzlichen Bereitschaft zu Auseinandersetzung und Kompromissen.

5. „Ich kann nichts ändern, wenn ich mich nicht selbst ändere."

Menschen beeinflussen einander ständig und versuchen dabei, andere von ihrer Meinung zu überzeugen. Zu glauben, man könne seinen Partner „erziehen", erweist sich jedoch als fataler Irrtum! Wünscht man in einer Beziehung eine Veränderung, so kann jeder nur bei sich selbst ansetzen. Alles andere führt auf Dauer zu Widerstand, Druck oder Starrheit und nicht selten sogar dazu, dass ein Partner endgültig die Flucht ergreift.
Fragen Sie sich in jeder konfliktträchtigen Situation, was *Sie selbst* tun können, um eine Lösung herbeizuführen. Wenn es Ihnen angemessen erscheint, erzählen Sie ihrem Partner von den Möglichkeiten, die Ihnen im Kopf herumgehen und fragen Sie ihn nach seiner Meinung. Wenn Sie mögen, können Sie etwas darüber erzählen, welche Gefühle die verschiedenen Lösungsmöglichkeiten in Ihnen auslösen. Achten Sie jedoch darauf, dass Sie Ihrem Partner gegenüber keine Vorwürfe formulieren.

Diese Kommunikationsweise geht auf die von Marshall B. Rosenberg entwickelte „Gewaltfreie Kommunikation" zurück, die viele hilfreiche Aspekte für ein verständnisvolles Miteinander anbietet (siehe Literaturverzeichnis).

6. „Sich dem anderen zumuten"

Wie oft fragen wir uns: Darf ich so sein, wie ich bin? Liebt sie bzw. er mich noch, wenn sie oder er meinen wahren Kern sieht? Bin ich o.k. so, wie ich bin?
Erfahrungsgemäß zerbrechen Beziehungen eher an zu vielen Geheimnissen und völlig unauthentischen Verhaltensweisen. Zeigen sich beide Partner, wie sie nun mal sind, können sie gemeinsam Strategien und Lösungen entwickeln, damit umzugehen.
Natürlich gehört Mut dazu, die eigenen Schwächen zu zeigen. Doch gleichzeitig entsteht ein hohes Maß an Vertrauen und Sicherheit: Jeder weiß schließlich, woran er ist!
Eigenwahrnehmung und Fremdwahrnehmung liegen außerdem häufig weit auseinander: Vielleicht sieht es ein Mensch als Schwäche an, dass er eher langsam ist. Andere könnten dies jedoch als Genauigkeit oder Geduld auffassen und etwas Positives darin erkennen. Je mehr respektvoller Austausch über die eigene Wahrnehmung des jeweilig anderen erfolgt, desto besser!

7. „Männer lösen Konflikte auf der Sachebene, Frauen auf der Gefühlsebene."

Für Männer ist es wichtig, bei Konflikten und Streitereien zu einer Lösung zu kommen, die auf der Sachebene stimmt. Für Frauen hingegen steht Harmonie im Vordergrund, dass der Druck eines Konfliktes nachlässt und die Gefühle wieder ins Lot kom-

men. Natürlich wollen auch Frauen eine Konfliktlösung, dennoch ist es ihnen wichtiger, sich wohl zu fühlen.
Allein um diese Tatsachen zu wissen, kann bereits eine Menge ändern! Wenn Männern bewusst ist, dass Frauen die Gefühlsebene wichtiger ist, können sie dies in ihrem Verhalten und in ihren Lösungsvorschlägen berücksichtigen. Gleiches gilt für die Frauen, die den Männern entgegenkommen können, wenn sie konkrete Lösungen vorschlagen und den Konflikt auf der Sachebene anschauen.
Außerdem: Männer und Frauen haben verschiedene Denk- und Sprachmuster. Allein dadurch können schon viele Missverständnisse entstehen.

8. „Mein Mann/mein Freund ist der Richtige für mich", bzw. „Meine Frau/meine Freundin ist die Richtige für mich".

Manche Menschen verbringen ihr ganzes Leben mit der Suche nach dem oder der Richtigen – ohne ihn oder sie jemals zu finden!
Wenn die erste Phase der Verliebtheit vorbei ist, werden immer mehr „Fehler" und „Mängel" am Partner sichtbar, und oft gehen einem besonders die Dinge auf die Nerven, die man vorher noch bewundert hat. Einem Mann beispielsweise fällt bei seiner späteren Freundin zu allererst ihre tolle Figur auf und wie gut und geschmackvoll sie sich kleidet. Später beschwert er sich bitterlich, dass sie so viel Zeit auf eben diese Dinge verwendet, um gut auszusehen.
Was bedeutet es also, nach dem oder der „Richtigen" zu suchen? Hier lässt sich grob gesagt Folgendes feststellen: Die *Grundwerte* eines Paares sollten zum größten Teil übereinstimmen. Das kann bei einem Paar die Toleranz sein – gegenüber anderen Religionen, Kulturen, Meinungen oder anderen Lösungsmöglichkeiten. Aber auch wie viel Wert auf Geld und Statussymbole gelegt wird, welchen Stellenwert die berufliche Karriere hat und ob beide Partner sich Kinder wünschen, ist in diesem Zusammenhang wichtig.
Harmoniert ein Paar in den Grundwerten, können beide Partner ruhig verschiedene Hobbys haben, sehr unterschiedliche Freunde oder Berufe. Es gibt einen Grundkonsens, eine Basis, das Leben gemeinsam meistern zu können. So betrachtet kann man also über kleinere Unstimmigkeiten oder über „seltsame Angewohnheiten" des Partners beruhigt hinwegsehen, ohne sofort die alles entscheidende Frage zu stellen: „Ist er überhaupt der Richtige für mich?"
An dieser Stelle sei auch erwähnt, dass bei der heutigen hohen Lebenserwartung der Menschen nicht unbedingt *ein* „Partner für das ganze Leben" gefunden werden muss. Wesentlich ist die Frage, was *jetzt* wichtig ist in der Partnerschaft, welche Werte *jetzt* vorrangig sind, und ob eine gemeinsame Zukunft denkbar ist, auch wenn sie nicht das ganze Leben währt.

9. „Die Wirklichkeit ist das, was wirkt."

Um die Wirklichkeit – und damit das Leben – zu spüren, schenken Sie in einem ersten Schritt Ihrer *Wahrnehmung* die volle Aufmerksamkeit: Was nehmen Sie wahr? Was sehen Sie? Was hören Sie? Was riechen Sie? Was schmecken Sie? Und was fühlen Sie? Unsere Gefühle sind Mittel des Erkennens und vor allem in Kontakt mit anderen Menschen von enormer Wichtigkeit. So lohnt es sich, folgende Frage an sich selbst zu richten:

- Wie nehme ich meinen Partner/meine Partnerin gerade wahr?
- Welche Gefühle kann ich bei dieser Wahrnehmung spüren?

Und, im nächsten Schritt:

- Ist es mir möglich, auch über meine Wahrnehmungen und Gefühle zu kommunizieren?
- Kann ich meinem Partner in einer verständlichen und wohlwollenden Form mitteilen, was ich empfinde?

Die Wirklichkeit ist das, was gerade wirkt. Sie ist das, was Sie gerade wahrnehmen und fühlen. Sie ist das Leben im Hier und Jetzt.

10. „Zwischenmenschliche Nähe wirkt heilsam."

In schweren oder unsicheren Zeiten ist es oft eine wahre Wohltat, einen lieben Menschen in der Nähe zu haben, der Trost und Beistand stiften kann. Manchmal bedarf es gar nicht großartiger Worte oder Aussprachen. Es genügt, dass jemand da ist und das Gefühl vermittelt, dass man nicht alleine steht.
Der Mensch ist ohne Frage ein geselliges Wesen, eingebunden in ein komplexes Gefüge von Bindungen und Kontakten aller Art. Wer also könnte besser geeignet sein, wohltuende Nähe und Unterstützung zu bieten als ein Mensch, dem man vertraut? Und nicht nur in schweren Zeiten ist zwischenmenschliche Nähe heilsam: In allen Situationen des Lebens kann sie unterstützend wirken und das Wohlbefinden verstärken.

11. „Bindung und Freiheit gehören zusammen."

Der oben benannte Satz löst bei vielen Menschen vermutlich ein Stirnrunzeln aus, denn Bindung und Freiheit scheinen nicht wirklich zusammenzugehören. „Eigentlich sind das doch Gegensätze", lauten oft die Überlegungen.
Zum besseren Verständnis sei hinzugefügt, dass mit „Bindung" an einen Menschen nicht eine *abhängige* Verbindung gemeint ist, sondern ein freiwilliges „Zueinander-Ja-Sagen".
Diese Basis der Freiwilligkeit wiederum ist nur bei Menschen möglich, die wir uns *aussuchen* können, wie unsere Partner und Freunde. Zu Familienmitgliedern haben wir selbstverständlich auch eine Verbindung, aber wir hatten bei unserer Geburt keinerlei Mitbestimmungsmöglichkeiten!

Freiheit tritt in zwei unterschiedlichen Formen zutage:
Erstens gibt es die Freiheit *von* etwas. In Deutschland leben wir bekannterweise in einer Demokratie und sind somit als Bürger dieses Landes frei von willkürlichen Entscheidungen eines Diktators. Es steht uns außerdem zu, unsere Religion frei zu wählen, unsere Meinung öffentlich kundzutun und vieles andere mehr, was im Grundgesetz verankert ist.
Zweitens ist die Freiheit *für* etwas zu nennen. Wir schlagen eine bestimmte Richtung ein, orientieren uns auf ein bestimmtes Ziel hin, wie beispielsweise auf das Ziel, mit einem Menschen eine enge Bindung zu erreichen, die unterstützend und nährend wirkt.

12. „Versuchung ist eine Ablenkung."

Unsere Welt ist voll von Versuchungen. Das können materielle Versuchungen sein (Autos, Unterhaltungselektronik, Eigentumswohnungen und Häuser, teure Klamotten, exklusive Restaurants etc.), aber auch Versuchungen im zwischenmenschlichen Bereich, denn schließlich gibt es Millionen von potenziellen Partnern und Partnerinnen und Gelegenheiten genug zu sexuellen Abenteuern!
Für unsere frei gewählte Beziehung zu einem geliebten Menschen stellt eine solche Versuchung eine Ablenkung dar, die uns daran hindert, die Beziehung weiter zu entwickeln und uns wirklich auf sie einzulassen. Oft geht es um Angst, Angst vor einer Verletzung und vor dem, was alles passieren kann, wenn ein Mensch sich voll und ganz auf seinen Partner einlässt, wenn große Nähe zugelassen wird und wirkliche Offenheit besteht.
Wenn also eine Beziehung zwischen zwei Menschen von Bindung und Liebe geprägt ist, so stellt sich eine eigene Energie ein, die sexuellen oder anderen Versuchungen im zwischenmenschlichen Bereich ihre Gefährlichkeit nimmt. Natürlich werden weiterhin alle Versuchungen wahrgenommen, aber dem Paar bietet sich dann auch die Gelegenheit, über diese Versuchungen und Sehnsüchte zu sprechen und gemeinsam Vorschläge zu entwickeln, damit umzugehen.

13. „Schuldgefühle halten mich vom Partner innerlich fern."

Wenn Sie das Gefühl haben, in Ihrer Partnerschaft etwas falsch gemacht zu haben, plagen Sie sich vermutlich mit Schuldgefühlen. Vielleicht haben Sie etwas verheimlicht oder bewusst manipuliert. Vielleicht war Ihre Handlungsweise aber auch aus einer Not heraus geboren und erscheint Ihnen im Nachhinein als großer Fehler. Was auch immer das „schlechte Gewissen" ausgelöst haben mag, es bringt Sie nur noch weiter weg von Ihrem Partner und entzieht Ihnen noch mehr Liebe und Unterstützung.
Hinter Schuldgefühlen steckt in den meisten Fällen Angst, eine Angst, die viele Menschen dazu bringt, sich weiter zurückzuziehen, die sie manchmal erstarren lässt. Der jeweilige Partner erlebt dies häufig als „innerliche Distanz" oder als „Gefühlskälte", die ihm nicht nachvollziehbar ist und noch mehr Unverständnis schafft.

Die Lösung liegt darin, sich zunächst der eigenen Angst bewusst zu werden, sie wahrzunehmen, und nachfolgend *mit* der Angst und den daraus entstandenen Schuldgefühlen dem Partner möglichst offen gegenüberzutreten.

14. „Zur Liebe gehört das ‚Nein'-Sagen."

Die meisten Liebesbeziehungen beginnen mit Verliebtheit, mit dem Wunsch nach totaler Verschmelzung mit dem/der Geliebten, mit einem uneingeschränkten „Ja" zu diesem wunderbaren Wesen.
Wenn aber die Phase der Verliebtheit vorüber ist, verpassen viele Paare den Übergang zum „Nein"-Sagen, weil sie glauben, dass dies die Harmonie und ihr Glück zerstören könnte. Das Gegenteil ist der Fall: Wenn jemand sich nicht vom anderen abgrenzen kann, ist keine Begegnung mehr möglich.
Das „Nein" in der Liebe heißt also eigentlich: „Ich bin nicht du."
Weil aber Liebe im Spiel ist, heißt der Satz vollständig: „Ich bin nicht du, ich bin aber bereit, meine eigenen Grenzen in deine Richtung zu erweitern, soweit mir dies möglich ist."
Letztendlich handelt es sich bei einer Liebesbeziehung immer um einen Balanceakt: einerseits die eigene Identität zu leben und den eigenen Weg zu finden, andererseits sich auf den Partner einzustellen und Kompromisse einzugehen oder auch einmal zurückzustecken.

Zu diesem Thema sei das Buch „Das Nein in der Liebe" von Peter Schellenbaum empfohlen, siehe Literaturverzeichnis.

15. „An der Entfaltung des Partners mitwirken"

In einer Beziehung schenken die Partner einander Liebe in verschiedenster Form. Wichtig ist jedoch, dass sich diese *geschenkte* Liebe in *gebende* Liebe verwandelt, in Hingabe, in der sich das Bemühen widerspiegelt, den anderen in seiner Entwicklung zu unterstützen.
Spürt der andere diese Unterstützung, fühlt er sowohl die eigene Identität als auch das Bemühen des anderen, was wiederum die Bindung enger und die Liebe inniger werden lässt.
Es klingt paradox: Je mehr Freiraum und Unterstützung ein Partner dem anderen gewährt, desto mehr kann auch die Liebe sich entfalten, denn der Betreffende fühlt sich gesehen in seinen Bedürfnissen und Wünschen.
Diese generelle Bereitschaft der Unterstützung des anderen muss allerdings bei *beiden Partnern* gegeben sein, damit ein Gleichgewicht in der Beziehung vorhanden ist.

16. „Rollen und Funktionen in der Beziehung ab und zu ‚durchschütteln'"

In einer Beziehung, mit oder ohne Trauschein, ist es sinnvoll, das Leben zu strukturieren, die verschiedenen Aufgabenbereiche zu organisieren und aufzuteilen. Allerdings

entwickeln sich im Lauf der Zeit sowohl die Partner individuell als auch die Beziehung insgesamt, was veränderte Ziele oder Lebenswünsche zur Folge haben kann. Um nicht zu erstarren und diese Entwicklung nicht zu behindern, dürfen die Rollen und Aufgaben der Partner ruhig mal „durcheinandergeschüttelt" werden.
Der Arbeitsmarkt bietet heute glücklicherweise wesentlich mehr Bewegungsspielraum für Frauen und Männer, als dies noch vor einigen Jahrzehnten der Fall war, als die Frau oft ausschließlich für Haushalt und Kinder verantwortlich war, während der Mann den Lebensunterhalt verdienen musste.
Auch heute können natürlich Faktoren gegeben sein, die es notwendig machen, dass der Mann allein das Geld verdient. Aber in anderen, möglicherweise kleineren Lebensbereichen können die Aufgaben immer mal neu verteilt werden. So kann man beispielsweise festlegen, wer welche Aufgaben im Haushalt übernimmt, wer wann eine Fortbildung oder einen Workshop machen kann, wer sich mal eine „Auszeit von allem" nehmen darf, in der er – für einen begrenzten Zeitraum – nach Lust und Laune agieren kann.

17. „Hingabe verströmt eine starke Kraft."

Sich dem Partner hinzugeben heißt, sich ihm zu öffnen und ihm von sich zu geben. Die Kraft der Hingabe ist unmittelbar und stark erfahrbar. Verweigert man hingegen die Öffnung dem Partner gegenüber, führt das auf Dauer zu Kraftlosigkeit.
Bei dem Wort Hingabe denken viele Menschen ausschließlich an Erotik und Sex. Hier ist aber auch gemeint, sich generell dem Partner zu öffnen, also nicht nur körperlich, sondern auch seelisch und geistig. Diese Art der Hingabe könnte sich darin zeigen, dass man dem Partner intensiv zuhört, wenn er über etwas spricht, das ihm sehr wichtig ist. Aber auch darin, selbst von den Dingen zu sprechen, die tiefe Gefühle auslösen.
Natürlich ist nicht ständige Hingabe an den Partner gefordert, denn alles hat seinen Ort und seinen Zeitpunkt, zumal bei zwei Menschen, die auch ihre individuellen Lebenswege verfolgen.

B. Imaginationen und innere Bilder

1. Mein Schutzraum

Es gibt einen imaginären „Raum“, einen inneren Ort, der einem Menschen ganz allein gehört und der Schutz und eine Rückzugsmöglichkeit bietet.

Stellen Sie sich vor, Sie stehen an einem Ort Ihrer Wahl. Dies kann der Ort sein, an dem Sie sich jetzt gerade befinden, aber auch jeder andere Ort.
Ihre Aufgabe ist es nun, in Ihrer Fantasie eine Grenze um sich zu ziehen, die den Platz markiert, der *allein für Sie* bestimmt ist. Überlegen Sie, wie groß der Platz, der innere Raum für Sie sein soll, damit Sie sich wohl fühlen können.
Wenn Sie eine Vorstellung von der *Größe* des Raumes gewonnen haben, stellen Sie sich anschließend das *Material* vor, aus dem Ihre Grenze bestehen könnte. Vielleicht handelt es sich um eine dicke Mauer oder um eine unzerbrechliche Plexiglasscheibe. Vielleicht ist es aber auch eher eine mächtige Hecke oder dichtes Gummi oder eine Art stabiles Energiekraftfeld. Aus welchem Material auch immer Ihre Grenze besteht, sie sollte auf jeden Fall zuverlässig in der Lage sein, Sie gut vor allem zu schützen, das Sie nicht zu nahe an sich herankommen lassen möchten.
Überlegen Sie auch, ob es eine Art Dach gibt, das heißt, existiert nur eine Abgrenzung an den Seiten oder auch nach oben hin?
Wenn Sie ein inneres Bild Ihres Schutzes entwickelt haben, lassen Sie eine Person Ihrer Wahl nahe an Ihre gezogene Grenze treten. Überprüfen Sie dann, ob Ihr Raum für Sie richtig bemessen ist. Vielleicht ist er doch zu klein oder zu groß geraten?
Wenn verschiedene Menschen an den inneren Raum herantreten, kann es manchmal auch sinnvoll sein, sich jeweils verschiedene Raumgrößen und verschiedene Formen der Abgrenzung vorzustellen. Die Hauptfrage ist immer: Wie ist die Beziehung zu dem Menschen, der an Ihre Grenze tritt, beschaffen und wie stark müssen Sie Ihren Raum schützen, um die eigene Individualität und Identität zu wahren?

Es ist sinnvoll, diese Imagination des Schutzraumes immer wieder zu üben, damit Sie in Situationen, in denen Sie den Eindruck haben, jemand versucht massiv Ihre selbst gezogene Grenze zu überschreiten, schnell einen inneren Schutz aufbauen können.
Von Paaren kommen bei dieser Imaginationsübung manchmal folgende Einwände:

- „Wir lieben uns aber doch und wollen ganz eng zusammen sein.“ Oder:
- „Ich will ja gerade Nähe. Wieso soll ich mich da abgrenzen?“ Oder:
- „Wenn ich mich abgrenze, bin ich ja wieder allein.“

Damit keine Missverständnisse aufkommen: Liebe und Nähe sind etwas Wunderbares und Schönes. Dennoch gibt es immer wieder Situationen, in denen es nötig ist,

sich vom Partner abzugrenzen, denn Beziehung bedeutet keine permanente Verschmelzung, sondern vielmehr ein gegenseitiges Geben und Nehmen von zwei Individuen, die beide einzigartig sind!
Alle Menschen sind immer in ihrem Leben „allein“, ob sie es nun wahrhaben wollen oder nicht, denn jeder hat seine eigenen Empfindungen, sein eigenes Er-leben. Natürlich können geliebte Menschen den eigenen Weg begleiten, was dem Leben mit Sicherheit mehr Fülle verleiht. Dennoch sind alle Menschen immer auch individuell und „allein“. Am Beispiel Schmerzen oder Tod wird dieses Phänomen sehr deutlich: Liebende Menschen können Schmerz lindern und trösten. Sie können aber kein Leiden wirklich „abnehmen“ oder den Tod verhindern.

2. Jemandem einen Platz im Herzen geben

Aus den verschiedensten Gründen können geliebte Menschen aus unserem Leben verschwinden: Sie verlassen uns, sie trennen sich räumlich oder sie sterben. Natürlich kann die Initiative auch von uns ausgehen, dass wir diejenigen sind, die verlassen oder weit wegziehen. Wie auch immer die Geschichte einer Beziehung abgelaufen sein mag, egal ob Partnerschaft oder Freundschaft: Häufig zeigt sich Sehnsucht nach den „schönen Zeiten“, und es sind auch oft noch die entsprechenden Gefühle vorhanden.
Wenn Ihnen bei dieser Beschreibung jemand eingefallen ist, der bei Ihnen „emotionale Reste“ hinterlassen hat, dann stellen Sie sich Folgendes vor:

Der Mensch, um den es Ihnen geht, sitzt oder steht gerade vor Ihnen. Rufen Sie sich das Aussehen dieses Menschen möglichst konkret ins Gedächtnis. Es spielt dabei keine große Rolle, ob er in Ihrer Vorstellung genau so alt ist wie zum Zeitpunkt der Trennung.
Nun legen Sie eine Hand auf Ihr Herz und spüren einen Moment Ihrem Herzschlag nach. Stellen Sie sich vor, dass es in Ihrem Herzen reichlich Platz gibt für *alle* Menschen, die Sie lieben!
Denken Sie zuerst an all die Menschen, die gerade in Ihrem Leben „da“ sind, die Sie lieben und unterstützen. Jeder davon hat einen Platz in Ihrem Herzen. Gehen Sie diese geliebten Personen nacheinander innerlich durch und geben Sie ihnen einen Platz in Ihrem Herzen.
Jetzt wenden Sie sich innerlich wieder der Person zu, die von Ihnen getrennt ist, aus welchem Grunde auch immer. Auch diesem Menschen geben Sie nun einen Platz in Ihrem Herzen.
Spüren Sie nach, wie viel Raum dieser Mensch in Ihnen einnimmt, und nehmen Sie dies einfach wahr, ohne es in irgendeiner Form zu bewerten.
Wichtig ist, dass an diesen Platz im Herzen keinerlei „Erwartung“ oder Ähnliches geknüpft ist. Dieser Platz steht einfach zur Verfügung und wird bereitwillig gewährt.

Wenn Sie möchten, können Sie diese Imagination mit Ihrer Atmung aktiv unterstützen: Beim Einatmen nehmen Sie die betreffende Person gedanklich in Ihr Herz hinein, beim Ausatmen entspannen Sie einfach und lassen locker.
Wesentlich ist aber vor allem, die Fülle und Energie der Liebe zu spüren, auch wenn Sie einen Menschen „verloren“ haben. Dieser geliebte Mensch lebt in Ihrem Herzen und in Ihren Erinnerungen für immer weiter.

3. Mit jemandem verbunden sein

Zu vielen Menschen, auch außerhalb unserer Familie, spüren wir eine innere Verbindung. Das können Freunde sein, Bekannte, Lehrer, Priester ... Menschen, zu denen wir Kontakt haben oder hatten.

Stellen Sie sich nun einen bestimmten Menschen vor, zu dem Sie eine Verbindung spüren, oder vielleicht auch jemanden, bei dem Sie den Wunsch haben, mehr über Ihre Verbindung zu ihm zu erfahren. Visualisieren Sie diesen Menschen in Ihrer Fantasie.
Dann nehmen Sie wahr, wie weit dieser Mensch von Ihnen entfernt ist. Entspricht diese Entfernung auch Ihrem inneren Gefühl?
Wenn beispielsweise die visualisierte Person sehr nahe bei Ihnen steht, empfinden Sie dies auch als angenehm, oder wäre etwas mehr Abstand vielleicht besser? Experimentieren Sie in Ihrer Fantasie mit der Entfernung zwischen Ihnen und der Person, bis das innere Gefühl für Sie stimmt.
Wenn die Entfernung also angemessen ist, lenken Sie Ihre Aufmerksamkeit auf die Verbindung zu diesem Menschen: Welches Material könnte sich für eine Verbindung eignen und wo genau wären die *Ansatzpunkte* dafür? Die Verbindung könnte beispielsweise ein festes Seil sein, vielleicht aber auch ein dehnbares Gummiband, eine Kette, eine Pflanzenranke oder ein Band aus Energie.
Als Ansatzpunkte kommen natürlich die Hände infrage. Aber ein Seil beispielsweise kann man auch um den Körper wickeln, am Fuß befestigen oder an die Kleidung knoten ... Versuchen Sie, ein möglichst stimmiges inneres Bild zu finden, wie genau und womit Sie mit der Person verbunden sind.
Wenn die Verbindung in Ihrer Fantasie vollzogen ist, probieren Sie aus, wie viel Bewegungsfreiheit Sie haben: Haben Sie noch viel Spielraum für Aktionen und Bewegungen, oder sind Sie eher eingeschränkt? Vielleicht erleben Sie eine enge Verbindung auch als Halt, der Sicherheit und Geborgenheit spendet, und nicht als Einschränkung oder Behinderung.
Spüren Sie genau nach, wie es Ihnen mit der visualisierten Verbundenheit geht und wenn Sie möchten, verändern Sie nochmals den Abstand oder das Material der Verbindung. Vielleicht ist etwas anderes ja doch passender.
Wenn alles für Sie soweit stimmig ist, speichern Sie Ihr inneres Bild von der Verbindung zu diesem Menschen in Ihrem Kopf als Erinnerung ab, sodass Sie es jederzeit wieder hervorholen können, wenn Sie dies möchten.

Vielleicht spüren Sie nach dieser Imaginationsübung den Drang, in der Realität mit der einen oder anderen Person in Kontakt zu treten und über die Art der Verbundenheit einmal zu sprechen.

4. Beziehungsweg

Mithilfe der Imagination des Beziehungsweges kann man die Beschaffenheit und den Entwicklungsstand einer Beziehung gut „ausleuchten". Außerdem erhält man Anregungen dafür, wie die Zukunft gestaltet werden kann.

Rufen Sie sich die Situation in Erinnerung, als Sie Ihren Partner (bzw. einen Freund/eine Freundin) kennen gelernt haben. Dies ist der Beginn Ihres Beziehungsweges.
Bei dieser Imagination ist sehr wichtig, immer wieder nachzuspüren, wie es Ihnen geht und was Sie empfinden (z.B. Freude, Trauer, Wut, Liebe, Sehnsucht etc.).

Begeben Sie sich jetzt mit Ihrem Partner auf Ihren Beziehungsweg und gehen Sie gemeinsam los. Sie selbst bestimmen das Tempo: Vielleicht geht es zu Beginn in Ihrer Vorstellung zeitlich betrachtet in Wochen- oder Monatsschritten voran, später dann eher in Jahresschritten. Wie lang die Zeitabstände der jeweiligen Erinnerungen in Ihrer Beziehung auch sein mögen – versuchen Sie auf jeden Fall chronologisch vorzugehen.
Während Sie diesen Weg der Erinnerungen entlangschreiten, stellen Sie sich vor, wie der Weg beschaffen ist: Ist er steinig und unwegsam oder angenehm zu beschreiten? Gibt es Höhen und Tiefen, wie beispielsweise Berge und tiefe Täler, oder gar unterirdische Gänge? Existieren Dinge oder Menschen am Wegesrand, die sehr stark vom Beziehungsweg ablenken oder Sie gar dazu bringen, ihn zu verlassen?
Schenken Sie der Beschaffenheit des Weges und der unmittelbaren Umgebung Ihre volle Aufmerksamkeit und lassen Sie alle Eindrücke gefühlsmäßig auf sich wirken.
Wie ist der Kontakt zum Partner (zum Freund/zur Freundin), während Sie den Weg entlanggehen? Halten Sie sich an den Händen, oder geht jeder für sich allein? Gehen Sie die ganze Zeit wirklich zusammen, oder macht einer von beiden immer mal wieder einen Abstecher in einen Seitenweg? Und falls Letzteres der Fall ist: Wie ist Ihr Empfinden, wenn Sie selbst oder Ihr Partner einen Seitenweg einschlagen, für kürzere oder längere Zeit?
Gehen Sie immer weiter Ihren Weg, bis Sie in der Gegenwart angekommen sind: Wie sehen der Weg und die Umgebung *heute* aus? Wie ist der Kontakt zum Partner?
Gibt es etwas, dass Sie Ihrem Partner schon länger mitteilen möchten? Und in welcher Form möchten Sie Ihren Beziehungsweg zukünftig gestalten?

Nach dieser Imaginationsübung ist es sinnvoll, darüber nachzudenken, welche Ihrer Gefühle und „Erkenntnisse“ Sie Ihrem Partner (Ihrem Freund/Ihrer Freundin) mitteilen möchten und welche nicht. Wenn Sie Ihrem Partner gegenüber offener über Ihre Gedanken und Gefühle sind, könnte das vielleicht helfen, den gemeinsamen Beziehungsweg zukünftig schöner und weniger anstrengend zu gestalten.

5. Die Liebe als Schatz

Eine Paarbeziehung drängt immer auf Ausgleich. Das heißt, wenn in etwa ein Gleichgewicht von Geben und Nehmen besteht, kann die Beziehung sehr erfüllend sein. Geben und Nehmen sind weitestgehend für den Einzelnen bewusst steuerbar, beispielsweise wenn es darum geht, die freie Zeit einzuteilen, jemanden finanziell und tatkräftig zu unterstützen oder jemandem zuzuhören.
Die Liebe selbst ist aber *nicht* bewusst steuerbar und es kommt häufig vor, dass der eine Partner mehr liebt als der andere. Akzeptieren beide Partner diese Tatsache, ist das eigentlich kein Problem. Als Unterstützung in einer solchen Situation ist folgende Imagination hilfreich:

Überlegen Sie zunächst, ob in Ihrer Beziehung Sie oder Ihr Partner „mehr“ lieben. Nehmen Sie sich Zeit für diese Frage, spüren Sie tief in Ihre Gefühle hinein.
Anschließend stellen Sie sich vor, Sie haben eine Schatzkiste vor sich stehen, die symbolisch für Ihre Liebe zum Partner steht. Wie sieht Ihre Schatzkiste aus? Wie groß ist sie? Wie genau sieht der Inhalt aus? Entwickeln Sie ein konkretes Bild Ihrer Schatzkiste der Liebe.
Dann stellen Sie sich Ihren Partner vor, wie er Ihnen gegenübersteht.

Auch Ihr Partner hat eine Schatzkiste vor sich stehen, die symbolisch für die Liebe zu Ihnen steht. Wie sieht die Kiste Ihres Partners aus? Wie groß ist sie? Und können Sie etwas vom Inhalt sehen oder spüren? Entwickeln Sie auch hier ein genaues Bild von der Schatzkiste Ihres Partners.

Nachdem Sie nun eine Imagination beider Schatzkisten kreiert haben, vergleichen Sie die Größe der Kisten, *ohne die Größe zu bewerten!*

Falls dies noch nicht geschehen ist, stellen Sie sich jetzt vor, dass Sie Ihre Kiste öffnen. Greifen Sie hinein in all die Liebe, die für den Partner darin ist und geben freizügig davon. Ihr Partner nimmt diese geschenkte Liebe gerne an.
Vielleicht hält Ihr Partner die geschenkte Liebe an den Körper, und sie sickert in ihn ein. Vielleicht legt er die Liebe aber auch in die Truhe oder tut irgendetwas anderes damit. Auf jeden Fall wird Ihre Liebe angenommen und gewürdigt.
Danach greift Ihr Partner in seine Schatzkiste und reicht Ihnen seine Liebe herüber.
Sie nehmen die Liebe an und fühlen Sie in Ihrem Inneren. Was genau möchten Sie nun mit der geschenkten Liebe machen?
Vielleicht wollen Sie die Liebe ganz verinnerlichen oder sie auf Ihrer Haut verteilen? Sie könnten sich auch entscheiden, die Liebe in die eigene Kiste zu legen oder in einem gesonderten Gefäß aufzubewahren ... was auch immer.

Führen Sie so die Imagination fort: ein ständiges Geben und Nehmen von Liebe. Die Schatztruhen der Liebe mögen verschieden groß sein und unterschiedlich aussehen, doch das Geben und Nehmen ist im Fluss und die Kisten mit ihrem wunderbaren Inhalt werden niemals leer!

6. Eine Brücke bauen

Mit dem Bau einer Brücke können zwei Ufer miteinander verbunden werden. In unserem Fall soll die Brücke symbolisch für eine zwischenmenschliche Beziehung stehen, sei es zu einer Freundin oder einem Freund oder auch zum Partner.
Manchmal mag es so erscheinen, als würde man seinen eigenen Standpunkt und die eigenen Argumente zu Gunsten eines Freundes oder Partners vollkommen aufgeben. Durch den Kontakt kommen sie einem geradezu entwertet vor. Dann erscheint der Kampf um das eigene Ufer viel wichtiger, als eine Brücke zu bauen und wieder in Kontakt zu treten.
Eine Brücke zum Ufer des anderen schlagen bedeutet aber, sich mit dem Standpunkt des Gegenübers zu beschäftigen und einen Weg des Austausches und Verhandelns zu ebnen. Es ist eine große Chance, einen Konsens zu finden und gefühlsmäßig wieder in Kontakt zu treten.

Stellen Sie sich zuerst einmal eine Person vor, zu der Sie entweder generell – oder gerade zu diesem Zeitpunkt – ein eher distanziertes Verhältnis haben. Daran würden Sie gerne etwas ändern und Sie sind zudem bereit, aktiv mit diesem Menschen in Kontakt zu treten.
Sie selbst stehen in Ihrer Vorstellung an einem Ufer, die andere Person am Ufer gegenüber. Getrennt sind Sie durch einen Fluss, vielleicht auch durch eine Bergschlucht oder ein Tal mit wilder Vegetation oder eine Lücke, in der sich ein bestimmter Mensch aufhält.
Entwickeln Sie Ihr eigenes Bild, was in Ihrem Fall zwischen den beiden Ufern liegen mag, sodass es zu Ihrer Beziehung zu dem Menschen am anderen Ufer passt.

Beginnen Sie jetzt, in Ihrer Vorstellung eine Brücke über den Abgrund zu errichten. Welches Material verwenden Sie dafür? Wie viel Kraft benötigen Sie, um die Brücke zu bauen?
Lassen Sie sich beim Errichten der Brücke nicht beirren oder ablenken. Sie leisten dort gute Arbeit!
Sobald die Brücke das jenseitige Ufer erreicht hat, macht sich *der andere* auf den Weg, um zu Ihnen zu gelangen. Auch Sie machen sich auf, um ihm zu begegnen.
Spüren Sie genau, wie die Energie, die der andere mitbringt, Sie erreicht und wie es sich anfühlt, wieder in Kontakt zu treten, auch wenn vielleicht Unstimmigkeiten besprochen werden oder der Austausch dazu führt, sich selbst kritisch zu hinterfragen.
Am wichtigsten aber ist, dass Sie es geschafft haben, eine Brücke zu bauen, um den Kontakt überhaupt erst zu ermöglichen.
Letztendlich kostet es nur unnötig viel Energie und Kraft, wenn ein Ufer gegen das andere kämpft, obwohl beide zum selben Fluss oder Tal gehören.

7. Die Macht der Projektion

Was auch immer wir in unserem Leben sehen oder aufnehmen: Immer sind es Projektionen unseres Geistes, Einfärbungen der Dinge durch unsere Denkstrukturen. Auch andere Menschen können wir nur innerhalb der eigenen Muster sehen. Eine objektive Wahrnehmung ist demnach also nicht möglich. Zum besseren Verständnis für sich selbst und für die anderen stellen Sie sich Folgendes vor:

Sie sitzen in einem Kinosaal und schauen einen Film an, der über Ihr eigenes Leben erzählt.
Was ist das für ein Film? Ein Abenteuer- oder ein Liebesfilm? Ist es eine Tragödie oder eine Komödie? Ist es ein eher schwer verständlicher Kunstfilm oder eher leichte Unterhaltungskost?
Wenn Sie ein Genre für sich gefunden haben, denken Sie darüber nach, wie Sie Ihren eigenen Lebensfilm finden: Ist er eher langweilig oder aufregend? Gestaltet sich die Handlung interessant oder geht es schleppend voran? Welche anderen Menschen außer Ihnen kommen in dem Film vor und wie wirken diese Menschen auf Sie?
Gefällt Ihnen der Film über Ihr eigenes Leben, oder nicht? Wollen Sie etwas in dem Film verändern?
Wenn Sie etwas verändern möchten, nützt es nichts, zur Leinwand zu gehen, auf die der Film projiziert wird. Dort ist keinerlei Veränderung möglich. Die Leinwand steht in diesem Falle symbolisch für den Partner, einen Freund oder einer anderen Darsteller in Ihrem Leben. Sie bleibt immer die Leinwand, die mit den Szenen in Ihrem Lebensfilm gar nichts zu tun hat.
Begeben Sie sich also in den Projektionsraum, wo die Filmspule Ihres Lebens abläuft. Dort können Sie Ihren Film anhalten oder eine neue Spule einlegen. Sie können selbst bestimmen, welchem Ereignis Sie viel Bedeutung und Aufmerksamkeit beimessen wollen und welches Ereignis letztendlich unbedeutend ist. Sie können Szenen aus dem Film herausschneiden. Was auch immer Sie tun möchten: Sie sind aktiv mit Ihrer Gestaltung beschäftigt und *nicht* Opfer der seltsamen Regieanweisungen von anderen Leuten.
Vielleicht ist sogar noch mehr nötig als Spulen zu wechseln und Szenen umzuschneiden: Vielleicht wollen Sie ein neues Skript schreiben und einen neuen Film drehen, in dem *Sie selbst* sich anders verhalten.
Stellen Sie sich vor, wie dieser neue Film aussehen könnte. Wie würde die Handlung verlaufen? Achten Sie darauf, dass Sie nur die Handlung für *sich selbst* genau festlegen können. Die anderen Menschen reagieren entsprechend auf Ihr Verhalten.

C. Handlungsvorschläge und Übungen

1. Beziehungspanorama

Ein Beziehungspanorama anzufertigen stellt eine Möglichkeit dar, den Verlauf einer Beziehung chronologisch genau zu betrachten und „heikle Stellen", aber natürlich auch glückliche Phasen deutlich sichtbar zu machen.

Sie benötigen für das Panorama ein langes Stück Papier, z.B. eine alte Tapetenrolle oder mehrere aneinander geklebte Blätter.
Zur besseren zeitlichen Orientierung können Sie an den oberen Rand des Papiers Jahreszahlen schreiben. Ein Jahr in der Beziehung könnte beispielsweise fünf Zentimetern entsprechen, vielleicht aber auch zehn oder 20 Zentimetern, je nachdem, wie viel Platz Sie für die einzelnen gelebten Jahre haben möchten.
Wenn *beide* Partner ein Beziehungspanorama anfertigen, ist es wichtig, eine gemeinsame Einheit zu finden, beispielsweise 10 cm pro Jahr. So können später beide Panoramen übereinandergelegt und verglichen werden, eine sehr spannende und ergiebige Sache!
Die Bezeichnung „Panorama" leitet sich vom Landschaftspanorama ab, mit seinen Höhen und Tiefen, was am anschaulichsten wohl in einer Berglandschaft zu beobachten ist. Und auch in einer Beziehung gibt es Höhen und Tiefen.

Wählen Sie nun ungefähr in der Mitte Ihres Papiers einen „Nullpunkt". Dort liegt der neutrale Ausgangspunkt, an dem Sie eine gerade, waagerechte Linie ziehen. Anschließend beginnen Sie den Verlauf Ihrer Beziehung in Form von Bergen und Tälern, Höhen und Tiefen darzustellen.
Wenn Sie Ihren Beziehungsverlauf zeichnen, sollte Ihr Hauptaugenmerk das *eigene emotionale Empfinden* sein. So bedeutet für manche Menschen die Hochzeit ein großes emotionales Hoch. Für andere ist die Sache aber eher stressig oder gar angstbesetzt und ist entsprechend als Tief zu verzeichnen.
Wenn Sie möchten, können Sie zu den Hochs und Tiefs eine kurze Notiz schreiben, um was es sich genau handelt.
Gerne können Sie auch Ihrer Kreativität freien Lauf lassen, indem Sie Farben für Ihr Panorama verwenden, Symbole oder andere Dinge, die Ihnen einfallen. Auch Fotos können dazu geklebt werden oder Abbildungen aus Illustrierten und Zeitungen.

Wenn Sie den Eindruck haben, Ihr Beziehungspanorama ist fertig, schauen Sie es sich in seiner Ganzheit noch einmal an. Was fällt Ihnen auf?
Gibt es vielleicht Emotionen, die wieder hochgekommen sind, und über die Sie mit Ihrem Partner sprechen möchten? Gibt es Dinge in Ihrem Panorama, die sich auf keinen Fall wiederholen sollten?
Und andersherum gefragt: Was war wirklich schön und könnte noch mal in ähnlicher Form wiederholt werden?

2. Positives vergegenwärtigen

Schreiben Sie alles auf, was Ihnen an Ihrem Partner (oder an einer Freundin/einem Freund) gut gefällt, alles, was Sie als „positiv“ wahrnehmen.

Auch wenn diese Aufgabe ziemlich simpel scheint, ist sie doch von recht tief gehender Wirkung. Wichtig ist zu prüfen, was Sie *hier und heute* Positives über Ihren Partner aufschreiben können, denn oftmals haben wir noch „gute Eigenschaften“ vom Beginn der Beziehung im Kopf. Diese sind heute eventuell gar nicht mehr vorhanden, oder sie sind noch vorhanden, doch empfinden wir sie nicht mehr als positiv.
Wenn beide Partner (Freunde) diese Übung durchführen, können sie sich immer abwechselnd vorlesen, was sie am anderen schön und positiv finden.

Sie könnten sich auch immer abends überlegen, was Sie *an diesem Tag* schön oder positiv an Ihrem Partner gefunden haben. Das können Kleinigkeiten sein, beispielsweise hat er den Esstisch ohne Aufforderung abgeräumt, oder auch größere Dinge, wie ein Geschenk oder ein nettes Kompliment.
Versuchen Sie für jeden Tag drei „positive“ Dinge zu finden, die Sie in einem kleinen Büchlein niederschreiben können.

Mit ziemlicher Sicherheit werden Ihnen bei beiden oben genannten Übungen auch immer wieder negative Dinge im Zusammenhang mit Ihrem Partner in den Sinn kommen. Versuchen Sie sich dennoch ausschließlich auf die positiven Dinge zu beschränken, denn, mal ganz ehrlich: Rumnörgeln und kritisieren tun wir doch eh schon genug, oder?

3. Zwiegespräch

Wir kennen es wahrscheinlich alle – das Gefühl, dass der Partner (die Freundin/der Freund) gar nicht richtig zuhört. Stattdessen überlegt er, was er selbst sagen möchte und wartet nur darauf, das Wort ergreifen zu können. Auf diese Art und Weise läuft die Kommunikation oft aneinander vorbei, mit dem Ergebnis, dass beide Partner unzufrieden sind.
Eine einfache Methode, dem anderen wieder zuzuhören und ihn zu verstehen, bietet das Zwiegespräch, bei dem folgende Regeln gelten:

Person A spricht, wofür ein Zeitraum festgelegt wurde, beispielsweise zehn Minuten. Die Aufgabe von Person B besteht darin, zuzuhören und keine Zwischenkommentare abzugeben.
Nach Ablauf der vorgegebenen Zeit wechseln die Partner die Rollen; nun erzählt B, während A zuhört und ebenfalls keine Kommentare dazu abgibt.
Das Ganze wird zwei- oder dreimal wiederholt, je nach den Bedürfnissen der Partner.

Wichtig ist, dass jeder in seinem Redeteil von *sich selbst* spricht, von seinen individuellen Bedürfnissen und Gefühlen, und *nicht den anderen angreift oder schlecht macht.*

Der folgende Satz ist ein Beispiel dafür, wie eine Person inhaltlich bei sich selbst bleibt: „Ich bin sehr ärgerlich, wenn ich das Essen gekocht habe und du nicht abwartest, bis ich auch am Tisch sitze. Ich fühle mich dann in meiner Tätigkeit nicht gewürdigt.“
Im nachfolgenden Satz hingegen wird der andere angeklagt und schlechtgemacht:

„Das ist das Letzte, wenn du dich gierig auf das Essen stürzt und nicht abwarten kannst, bis ich auch am Tisch sitze! Schließlich habe ich stundenlang gekocht."

4. Geben und Nehmen

Geben und Nehmen ist ein zentrales Thema in Beziehungen. Je ausgewogener sich das Verhältnis zwischen Geben und Nehmen bei den Partnern oder Freunden gestaltet, desto mehr Chancen hat die Beziehung, ein solides Fundament zu entwickeln und bestehen zu bleiben. Natürlich gibt es immer wieder Zeiten im Leben eines Paares oder auch einer Freundschaft, in denen der eine mehr gibt als der andere, z.B. bei Krankheiten, in Prüfungsphasen oder in Krisen. Aber *auf Dauer* sollte eine gewisse Ausgeglichenheit angestrebt werden, damit *beide* Beteiligten zufrieden sind.
Die folgende Übung kann alleine, aber auch mit dem Partner (Freund) zusammen durchgeführt werden. In letzterem Fall stehen sich die Partner gegenüber.

Schließen Sie die Augen und suchen Sie dann eine Geste, die für Sie „Geben" symbolisiert. Diese Geste kann auf die Hände oder Arme beschränkt bleiben, kann aber auch den ganzen Körper mit einbeziehen, je nach individuellem Gefühl. Experimentieren Sie ruhig ein wenig mit Ihren Bewegungen, bis Sie etwas Stimmiges gefunden haben.
Wenn Sie die Geste für „Geben" gefunden haben, führen Sie sie mehrfach und in verschiedenen Geschwindigkeiten aus. Durch die mehrfache Wiederholung der Geste bekommen Sie ein Gefühl für das „Geben" und Sie können nachspüren, welche innere Wirkung das auf Sie hat.
Halten Sie die Augen immer noch geschlossen und suchen Sie nun eine Geste für „Nehmen". Auch hier können Sie in Ruhe probieren und experimentieren, bis Ihnen die Geste stimmig erscheint. Auch diese Geste führen Sie anschließend in verschiedenen Geschwindigkeiten aus.
Wenn Sie die Übung alleine machen, dann wenden Sie sich erneut der Geste des „Gebens" zu. Führen Sie die Geste mehrfach aus und lassen Sie dabei in Ihrem Sinn und Geist strömen, was Sie Ihrem Partner alles geben.
Spüren Sie nach, ob Ihnen dieses „Geben" leicht- oder schwerfällt und wie es sich innerlich anfühlt.
Wiederholen Sie das Gleiche mit der Geste des „Nehmens".

Wenn Sie die Übung zu zweit durchführen, gehen Sie folgendermaßen vor:
Sie öffnen beide die Augen und A blickt B an und macht ihre/seine Geste für „Geben".
B lässt die Geste von A auf sich wirken und A wiederholt noch mal die Geste, diesmal etwas langsamer.
Anschließend werden die Rollen getauscht: B macht die Geste für „Geben", A lässt dies auf sich wirken, dann folgt die Wiederholung der Geste.
Bei alledem wird *nicht gesprochen!*
Anschließend wird der ganze Ablauf mit der Geste des „Nehmens" wiederholt.
Wenn auch dies ohne Worte abgeschlossen ist, können sich die Partner am Schluss verbal über ihre Erlebnisse, Emotionen und Eindrücke austauschen.

5. Danken

Respekt und der Dank für all das, was man bereits bekommen hat, ist ein ganz wesentlicher, elementarer Aspekt in jeder Beziehung. Wenn ein Mensch seinen ehrlich gemeinten Dank zum Ausdruck bringt, stellen sich häufig Glücksempfindungen ein. Auch einen Dank entgegennehmen zu dürfen, kann schöne Empfindungen und Glücksgefühle hervorrufen.

Denken Sie einen Augenblick darüber nach, für was Sie sich gerne bei Ihrem Partner (Ihrer Freundin/Ihrem Freund) bedanken wollen. Wichtig ist, dass dieser Dank wirklich Ihrem inneren Gefühl entspricht und nicht einfach nur so dahergesagt ist, um einen Zustand der Harmonie zu erreichen. Sie können Ihren Dank in Form eines Briefes oder auch als E-Mail niederschreiben und anschließend abschicken. Ebenso ist es denkbar, dass Sie sich Notizen machen und anschließend vor Ihrem Partner (Ihrer Freundin/Ihrem Freund) eine Art Dankesrede halten. Vielleicht benötigen Sie auch keine Notizen, sondern formulieren sehr spontan Ihren Dank im Angesicht des Menschen, den Sie lieben oder sehr mögen.

6. Berührung und Trost

Körperliche Berührung kann unglaublich viel Energie und Trost spenden! Doch leider ist es in einigen Paarbeziehungen sehr verbreitet, dass körperliche Berührung fast immer direkt mit sexuellen Aktivitäten assoziiert wird – und genau das ist in manchen Situationen einfach nicht hilfreich oder angebracht.
Damit keine Missverständnisse aufkommen: Sex ist eine wunderbare Sache, die – meistens! – viel Intimität und Nähe beinhaltet. Doch in manchen Situationen möchte ein Partner einfach nur gehalten werden, möchte Geborgenheit und Schutz spüren und keine sexuelle Leidenschaft.
Leider ist es in unserer westlichen Gesellschaft nicht sehr üblich, sich körperlich viel und oft zu berühren, vor allem wenn es sich *nicht* um ein Liebespaar handelt. Ich möchte Sie deshalb an dieser Stelle gerne ermuntern, etwas mehr Körperlichkeit zu wagen: eine Freundin, die gerade traurig ist, mal etwas länger in den Arm nehmen; den Partner mal länger als sonst an die Hand nehmen oder ihm spontan ein paar Streicheleinheiten zukommen lassen; sich bei einer Freundin oder einem Freund spontan mal unterhaken oder einfach mal gemeinsam in ein Sofa kuscheln.
Es gibt viele Möglichkeiten, körperlichen Kontakt aufzunehmen, der beiden Seiten gut tut!

7. Bedürfnisse benennen

Bei Paaren, die schon länger zusammen sind, manchmal auch bei Freunden, die schon viele gemeinsame Jahre hinter sich haben, herrscht der weitverbreitete Irrglaube, dass der andere „schon weiß", was man gerne will. Er müsste einen Wunsch „doch erkennen" oder gar „von den Augen ablesen" können!

Natürlich ist das sehr schön, wenn tatsächlich genau das passiert, was man sich insgeheim vom Partner gerade wünscht. Aber eine Selbstverständlichkeit ist das nicht, auch nicht nach Jahrzehnten des Zusammenseins!

Die weitaus effektivere Strategie besteht darin, die eigenen Bedürfnisse so konkret wie möglich zu benennen, egal, ob es sich um die Gestaltung der Freizeit, um den Umgang mit Geld, Wünsche beim Sex oder um das Bedürfnis, auch mal allein zu sein handelt. Je mehr Bedürfnisse von beiden Partnern oder Freunden klar benannt werden können, desto weniger Spielraum gibt es für Missverständnisse.

Werden Bedürfnisse geäußert, so zieht das nicht selten „Verhandlungen“ nach sich. Die mögen zwar anfangs recht mühsam erscheinen, doch lohnt es sich herauszufinden, was gemeinsam möglich ist und was nicht.

Werden Bedürfnisse zu häufig verschwiegen und kommt es deshalb zu keiner Kommunikation über mögliche Lösungen zwischen den Partnern oder Freunden, stellt sich früher oder später ein Groll ein. Es kommt zu Unverständnis, Traurigkeit, vielleicht auch Wut und Neid, die der Beziehung sehr schaden und vielleicht sogar zur Trennung führen.

8. Eigene Energien

Wer ist für Sie der wichtigste Mensch in Ihrem Leben? Ist es Ihr Partner? Ihr Kind? Ein Freund? Oder sind Sie es selbst?

Manche Menschen glauben, dass die totale Verbundenheit, ja die Verschmelzung und Symbiose mit einer Person zur Erfüllung führt. Sie glauben, dass sie nur in hohem Maße Liebe, Energie und Hilfe bereitstellen müssen, um glücklich zu werden, merken aber nicht, dass genau das Gegenteil eintritt: Sie werden ausgesaugt, bis auch noch das letzte Restchen Energie herausgepresst wird.

Nehmen Sie sich ein Blatt Papier und einen Stift und zeichnen Sie in die Mitte des Blattes eine „Batterie“, die Ihre Lebensenergie darstellen soll. Wenn Sie viel Energie spüren, wird die Batterie eher groß, empfinden Sie weniger Energie, wird sie entsprechend klein gemalt. In die Mitte der Batterie schreiben Sie Ihren Namen hinein.

Nun überlegen Sie sich, *wer* alles an Ihrer Energie partizipiert. Wer „stöpselt“ gerne mal seinen Stecker ein, um etwas Energie bei Ihnen abzuzapfen und *in welcher Form* geschieht das? Werden Sie beispielsweise zuerst *gefragt*, wenn jemand Energie von Ihnen haben möchte? Oder stöpselt sich diese Person einfach wie selbstverständlich ein und nimmt sich, was sie will?

Schreiben Sie die Namen der Personen, die von Ihnen Energie bekommen, rund um Ihre Batterie. Malen Sie auch die Menge der Energie dazu, die von Ihnen genommen wird, z.B. in Form kleiner oder auch größerer Kreise, je nachdem um wie viel Energie es sich handelt.

Wenn Sie damit fertig sind, betrachten Sie Ihr Bild: Wie groß ist Ihre eigene Batterie und die Energie darin und welche Mengen wurden Ihnen von anderen Personen abgezogen?

Spüren Sie genau Ihren Gefühlen nach: Welchen Menschen geben Sie gerne von Ihrer Energie etwas ab, und welchen geben Sie nur ungern? Vielleicht sind Sie sogar richtiggehend wütend auf einige, die gar zu viel abzapfen wollen.

Machen Sie sich bewusst, dass Sie selbst es sind, die über Ihre Batterie und die Vergabe der Energie bestimmt! Bei wem möchten Sie die Vergabe Ihrer Energie einschränken? Machen Sie eine konkrete Notiz bei dem entsprechenden Namen auf Ihrer Zeichnung.
Als Nächstes überlegen Sie, bei wem Sie selbst manchmal Ihren Stecker einstöpseln, von wem Sie Energie bekommen. Nehmen Sie einen andersfarbigen Stift und zeichnen Sie bei den entsprechenden Personen Mengen von Energie ein, die Sie bekommen, z.B. in Form eines entsprechend großen Vierecks.
Vergleichen Sie jetzt bei den einzelnen Personen, wie viel Energie Sie Ihnen geben und was Sie dafür bekommen. Richten Sie Ihr Augenmerk vor allem auf die Menschen, bei denen es gravierende Differenzen in den Energiemengen gibt.

Zum Schluss noch eine Anmerkung: Die einzige Beziehung, in der es völlig „normal" ist, dass *wesentlich* mehr gegeben als genommen wird, ist die Eltern-Kind-Beziehung. Das Kind bekommt von den Eltern, und die Eltern ihrerseits haben von den eigenen Eltern bekommen.

III.
Familie

A. Unterstützende Sätze

1. „Ich mache es als Mutter (Vater) so gut ich kann – mit Liebe."

Wie oft zweifeln Mütter, aber auch Väter: „Habe ich alles richtig gemacht?"
„Hätte ich noch mehr für mein Kind tun können?"
„Habe ich mein Kind zu sehr verwöhnt?"
Diese Fragen sind wichtig zur Selbstreflektion, darüber hinaus aber häufig auch Anlass, von anderen Menschen oder bei professionellen Stellen Rat und Hilfe in Anspruch zu nehmen.
Die Diskussion über Erziehungsfragen und über die Aufgaben der Eltern sind wieder sehr in den Mittelpunkt des öffentlichen Interesses gerückt. Häufig geht es um überforderte Eltern, in einem Gesellschaftssystem, das von wahrer Kinderfreundlichkeit weit entfernt ist!
An dieser Stelle ist es wichtig zu betonen, dass Mütter und Väter im Rahmen ihrer Möglichkeiten erziehen, wobei das Hauptaugenmerk auf der *Liebe zum Kind* liegt. Ein Kind, das sich geliebt und respektiert fühlt, ein Kind, das zur Familie „dazugehört", kann auch schwierige Situationen in seinem Leben meistern.

2. „Ich habe immer eine Bindung zu meinen Eltern (Kindern)."

Innerhalb einer Familie bestehen immer Bindungen, ob die Familienmitglieder das nun wollen oder nicht. Vor allem die Blutsverwandten ersten Grades, also Eltern, Kinder und Geschwister, spielen eine bedeutungsvolle Rolle, die das Leben entscheidend prägt.
Auch wenn sich familiäre Bindungen nicht negieren oder gar ungeschehen machen lassen, können Menschen dennoch ihren eigenen Weg gehen, selbst Entscheidungen treffen und alles, was ihnen von der Familie mitgegeben wurde, für ihre individuelle Lebensgestaltung nutzen.

3. „Meine Familie schreibt nicht das Drehbuch meines Lebens."

Was auch immer Ihre Eltern Sie gelehrt haben, was auch immer Ihnen für Ihren Lebensweg mitgegeben wurde: Es definiert *nicht* automatisch Ihr weiteres Leben!
Die „Startbedingungen" können für Kinder sehr unterschiedlich sein: Manche bekommen viel von ihren Eltern mit auf den Lebensweg, andere sehr wenig. Natürlich

ist es aus diesem Grunde für manche schwieriger als für andere. Generell aber gilt: Jeder Mensch ist für sich selbst verantwortlich und kann sein Leben im Rahmen der individuellen Gegebenheiten nach eigenen Vorstellungen gestalten.
Kinder sollten ihren Eltern Grenzen setzen, Eltern aber auch ihren Kindern. Bitten können geäußert und Vorschläge unterbreitet werden, doch für den persönlichen Lebensweg ist jeder selbst verantwortlich.

4. „Es gibt keine Nachbeelterung."

Das Wort „Nachbeelterung" bezeichnet das Bedürfnis einiger Menschen, von ihren Eltern noch etwas zu bekommen, auch im Erwachsenenalter. Meistens geht es dabei um Liebe, Respekt, Geborgenheit und Sicherheit. Da manche Eltern aus den verschiedensten Gründen nicht in der Lage sind, ihren Kindern alle genannten Bedürfnisse ausreichend zu erfüllen, empfinden diese Kinder auch später als Erwachsene einen „Mangel", einen „Hunger" nach diesen Dingen.
Von einem Partner oder einer Partnerin erwarten sie dann eine „Nachbeelterung". Die tiefen Bedürfnisse, die in der Kindheit nicht erfüllt werden konnten, werden unbewusst auf den Partner projiziert, was in den seltensten Fällen funktioniert!
Die Lösung liegt in der Einsicht und Akzeptanz, dass eine „Nachbeelterung" definitiv nicht möglich ist.

5. „Schenke ich Freude, wird auch mir Freude geschenkt."

Haben Sie Freude an Ihrem Kind oder Ihren Kindern? Freuen Sie sich, wenn Ihre Eltern, vielleicht schon im fortgeschrittenen Alter, zufrieden sind oder sich noch kleine oder auch große Wünsche erfüllen?
Mit echter Freude für oder über andere, mit einer Freude, die vom Herzen kommt, schenken wir uns selbst die größte Freude!

6. „Liebe und Verbundenheit sichern das Überleben."

Das Bedürfnis nach Liebe, Zuneigung und Verbundenheit ist an Säuglingen wohl am deutlichsten zu beobachten. In den meisten Fällen besteht in den ersten Monaten und Jahren des Lebens eine enge Bindung zwischen Mutter und Kind. Auch die Bindung zum Vater ist heute oft sehr ausgeprägt – wenn er Zeit findet und das Engagement aufbringt, sein Kind zu umsorgen.
Wissenschaftliche Studien haben zu Genüge bewiesen, dass Säuglinge sich bei mangelnder Körperberührung und emotionaler Fürsorge sehr schlecht entwickeln; oftmals sterben sie sogar. Liebe und Verbundenheit sind jedoch nicht nur für unsere kleinsten Erdenbürger essenziell, sondern für alle Menschen, egal welchen Alters! Manchmal genügt es schon, sich von einem einzigen Menschen geliebt und respektiert zu fühlen. Besser ist es natürlich, wenn es von dieser „Sorte" mehrere gibt!

In der heutigen Gesellschaft, in der Konkurrenz, Druck und Härte im Vordergrund stehen, kommen Liebe und Respekt leider häufig viel zu kurz. In der Arbeitswelt ist wenig Raum dafür, und oft bleibt auch für die Familie nach der Arbeit wenig Zeit und Energie.
Vergegenwärtigen wir uns also, wie wichtig die soziale Verbundenheit und die Liebe für das persönliche Glück und Wohlergehen sind – und räumen wir ihnen die entsprechende Priorität ein!

7. „Die Probleme meiner Kinder sind nicht meine Probleme."

Dieser Satz bezieht sich auf bereits erwachsene Kinder, denn kleinere Kinder brauchen selbstverständlich Vorbilder und Anleitung, um Konflikte und Probleme lösen zu können.
Der obige Satz könnte auch noch weiter gehen: „Die Probleme meiner Kinder *sind* nicht meine Probleme, sie *machen* mir allerdings oft Probleme."
So wird deutlich, dass Eltern immer eine Verbindung zu ihren Kindern haben werden. Dennoch müssen sie es aushalten, dass die Kinder ihren eigenen Weg gehen, der manchmal von harten Erfahrungen und bösen Überraschungen begleitet sein kann. Eltern versuchen, ihre erwachsenen oder pubertierenden Kinder vor schlimmen Dingen zu bewahren. Doch ein noch so gut gemeinter Rat kommt oft nicht an, und nur die eigenen Erfahrungen tragen zum Lernen und zur Reife bei.

8. „In der Würdigung der Schwiegereltern wird auch der Partner gewürdigt."

Ein Klischee, das leider oft der Wahrheit entspricht: Die Schwiegermutter und/oder der Schwiegervater sind schwierig bis furchtbar, bzw. die Schwiegertochter oder der Schwiegersohn sind entsetzlich und gänzlich unpassend.
Doch egal, ob die angeheiratete Familie sympathisch oder ein Albtraum ist, sie gehört zum Familiensystem unseres Partners dazu und sollte dementsprechend gewürdigt werden. Wenn eine Frau sich beispielsweise weigert, ihre Schwiegereltern kennen zu lernen oder mit ihnen zu kommunizieren, so ist dies auch ein Affront gegen ihren Partner. Schließlich handelt es sich um seine Eltern. Der Partner sollte Stellung zu seinen Eltern und seiner Familie beziehen und deutlich machen, dass ihm der Kontakt wichtig ist.
Außerdem: Die Ehefrau/der Ehemann treten *nicht* in Konkurrenz zur Schwiegermutter/zum Schwiegervater, denn es handelt sich um grundverschiedene Stellungen innerhalb des Familiensystems, die nicht miteinander konkurrieren können. Ehefrau bleibt Ehefrau, und Mutter bleibt Mutter!
Gleichermaßen müssen Mütter und Väter akzeptieren, welchen Partner oder welche Partnerin sich ihr Kind aussucht und diesen Menschen den Weg in die Familie ermöglichen.
Wenn sich die betroffenen Personen im Grunde unsympathisch sind oder wenn ihre Lebensgeschichten einen Kontakt erschweren, dann müssen keine „künstlichen

Freundschaften" geschlossen werden. Auch wenn keine große Nähe entstehen kann: Gegenseitige Akzeptanz und Würdigung sind dennoch wichtig.

9. „Generationsgrenzen dürfen nicht verwischen."

Es sollte stets klar sein, wer der Erwachsene ist und wer das Kind.
Was sich so selbstverständlich anhört, kann in der Praxis ein großes Problem sein, denn Kinder neigen unbewusst sehr stark dazu, ihren Eltern innere Probleme abzunehmen und Unstimmigkeiten in der elterlichen Beziehung ausgleichen zu wollen. Eine Tochter kann jedoch nicht „die gute Freundin" der Mutter sein, damit ist sie überfordert! Sie kann sehr wohl einen freundschaftlichen Kontakt mit ihrer Mutter haben, aber die Stellung der Mutter ist genauso unverrückbar wie die der Tochter. Teilen Eltern diesen Standpunkt zur Generationsgrenze nicht, fehlt es den Kindern an Orientierung und Abgrenzung, die sie sich mühsam, häufig erfolglos, selbst erarbeiten müssen.
Bereits bei kleinen Dingen des Alltags fängt es an, wenn ein Kind seine Mutter stets mit Vornamen anspricht, anstatt mit „Mama", „Mutti" oder „Mutter". Nur bei Stiefkindern, für die es sich nicht um die leibliche Mutter oder den leiblichen Vater handelt, ist die Nennung des Vornamens angemessen.
Auch die Grenze zur nächsten Generation, zu Oma und Opa, sollte für ein Kind nicht verwischen: Oma und Opa sind etwas gänzlich anderes als Mutter und Vater.

Zu diesem Thema und zu allen anderen Aspekten rund um das Thema Familie seien die Bücher von Bert Hellinger empfohlen; siehe Literaturverzeichnis.

10. „Nicht verarbeitete Traumata werden über Generationen weitergegeben."

Kinder sind innerlich stark mit ihren Eltern verbunden und neigen dazu, deren Probleme mitzutragen. Manchmal nehmen sie sogar Folgen von traumatischen Erlebnissen und Verletzungen auf sich, um die Eltern, oder einen Elternteil, zu entlasten.
Im günstigsten Fall wird den Eltern bewusst, dass ihr Kind etwas mitträgt, das ihm gar nicht „gehört". Sie sprechen mit dem Kind darüber und stellen ausdrücklich klar, dass sie ihre „Last" selbst tragen werden.
In ungünstigen Fällen jedoch bemerken alle Beteiligten eine solche Weitergabe von Problemen oder Traumata nicht, was in der Konsequenz zu Zerrüttungen, Vorwürfen und Komplikationen, bis hin zu Suchtkarrieren, psychischen oder physischen Krankheiten und in extremen Fällen auch zu Selbstmord führen kann.
An der Nachkriegsgeneration, die an den Folgen der Gewalt, Morde, Folterungen, Vergewaltigungen und Vertreibungen schwer trägt, wird dieses Phänomen sehr deutlich. Unter der seelischen Bürde der Kriegsfolgen ist manch ein Mensch zusammengebrochen, und viele Traumata wurden noch in die dritte oder gar vierte Nachkriegsgeneration hineingetragen.

Doch es gibt auch eine gute Nachricht: Durch intensive Auseinandersetzung mit der familiären Vergangenheit können diese Probleme und Traumata aufgearbeitet und aufgelöst werden.

11. „Bei einer Scheidung verlieren die Kinder die Elterlichkeit."

Ganz egal, ob eine Scheidung friedlich oder „kriegerisch" abläuft: Die Kinder leiden darunter und verlieren für immer ihre Elterlichkeit. Selbst wenn sie den Elternteil, bei dem sie nicht leben, regelmäßig sehen und ein reger Kontakt existiert, ist die Elterlichkeit, das gemeinsame Familienleben verloren – ein Zustand, den Kinder in den meisten Fällen als sehr schlimm empfinden.
Dies hier soll kein Plädoyer dafür sein, eine Beziehung weiterzuführen, die längst zu Ende ist und nur Probleme mit sich bringt. Kindern sollte jedoch Raum gegeben werden, ihre Gefühle und Ansichten auszudrücken. Oft verspüren sie Wut und Hass, aber auch Schuldgefühle können hochkommen und ganz insgeheim die Fragen: „Bin ich schuld, dass sich meine Eltern getrennt haben? Bin ich zu viel? Sollte es mich gar nicht geben?"
Leider ist das Thema Scheidung weitestgehend tabuisiert, was sich schon daran zeigt, dass es relativ wenige Beratungsstellen speziell für dieses Thema gibt (im Vergleich beispielsweise zur Abtreibungs- oder Suchtproblematik). Prominenten-Scheidungen werden in den Klatschmagazinen breitgetreten. Lassen sich jedoch Menschen aus unserem Umfeld scheiden, wird nicht viel darüber gesprochen und die Sache schnell in juristische Hände gelegt.
Hier sind die Eltern gefordert, Verantwortung zu übernehmen und Stellung zu ihren Entscheidungen zu beziehen, um den Kindern Raum für Auseinandersetzungen und Austausch zu geben.

12. „Starker innerer Schmerz deutet auf zu große Anhänglichkeit hin."

Natürlich leiden wir, wenn wir verlieren, woran wir hängen, egal ob es sich um eine Trennung von einem geliebten Menschen handelt oder um zunehmend selbstständige Kinder, die schließlich ausziehen.
Doch was wahrhaft verbunden ist oder war, kann nie aufgelöst werden. Die Liebe bleibt im Herzen bestehen und kann nicht verloren gehen! Vor Schmerzen bewahren kann uns ein selbstverantwortliches Leben, *ohne* vollständige Symbiose mit einem anderen Menschen. Ein Leben, das keine übertriebene Anhänglichkeit kennt.
Natürlich können wir enge Bindungen eingehen, und selbstverständlich können wir auch miteinander leben. Hier geht es um *die Bewusstheit,* sich nicht vollständig von einem Menschen abhängig zu machen, sodass Selbstständigkeit und individuelle Entwicklung unmöglich werden.
Vor allem in einer Eltern-Kind Beziehung besteht die Gefahr der zu großen Abhängigkeit. Im Säuglings- und Kleinkindalter ist eine sehr enge Beziehung wichtig für das Überleben des Kindes. Um so schwerer fällt es später oft der Mutter oder dem Vater, das Kind „loszulassen".

13. „Alle Familienmitglieder haben das gleiche Recht auf Zugehörigkeit."

In manchen Familien gibt es Mitglieder, die nur schwer integrierbar sind oder dermaßen „aus der Art schlagen", dass die übrige Familie diese Person am liebsten aus dem Familienverbund ausschließen will oder sie einfach ignoriert. Solche „verstoßenen Familienmitglieder" können z.B. Alkoholiker sein, Behinderte, psychisch Kranke oder Kriminelle. Manchmal reichen aber auch eine völlig andere politische Gesinnung, ein extravaganter Beruf, Homosexualität oder ein Ehepartner aus einer anderen Kultur.

Tatsache ist: Egal wie ein Mensch beschaffen ist oder was er getan hat – er ist und bleibt ein Familienmitglied! Der Rest der Familie muss diesen Menschen nicht „gutheißen" oder viel Kontakt mit ihm haben, darf ihn aber nicht verschweigen. Familiengeheimnisse dieser Art haben eine katastrophale Dynamik, die oft viel Leid in die gesamte Familie bringt. Die Wahrheit hingegen ist immer heilsam, auch wenn sie noch so erschreckend sein mag.

14. „Ein neu gegründetes Familiensystem hat Priorität vor der Herkunftsfamilie."

Als Herkunftsfamilie bezeichnet man die Familie, in der wir Kinder sind, in der unser Ursprung liegt. Wenn die Kinder aber nun selbst eine Familie gründen und Kinder bekommen, so geht diese neue Familie vor. Das heißt, die Interessen der neuen Familie haben mehr Gewicht.

Wenn sich beispielsweise die Großeltern in die Erziehung ihrer Enkelkinder über die Maßen einmischen wollen, oder wenn eine Mutter von ihrem Sohn verlangt, er solle sich mehr um sie kümmern als um seine Frau, wird deutlich, was mit dem oben genannten Prinzip gemeint ist.

Natürlich gibt es Situationen, in denen Eltern oder Großeltern viel Unterstützung brauchen, beispielsweise bei Krankheit, Pflegebedürftigkeit oder großen Verlusten. Doch sollte diese Ausnahme nicht zur Regel werden.

15. „Liebe in der Kindererziehung"

Was brauchen Kinder? Zu Recht lautet die Antwort oft: „Liebe."

Doch *was genau* ist damit gemeint? Wie zeigen Eltern, Verwandte oder Erzieher ihre Liebe zu Kindern?

Liebe, im Sinn von positiver emotionaler Zuwendung, äußert sich in der Erziehung vor allem in Form von *Zeit, Geduld* und in einem *Vorbildverhalten.* Zeit impliziert dabei keineswegs, dass alle Bezugspersonen sich ständig intensiv um die Kinder kümmern. Es sollte jedoch genügend Zeit vorhanden sein, um eine stabile und liebevolle Beziehung aufzubauen.

Außerdem ist eine *wohlwollende Haltung* gegenüber dem Kind förderlich – es so zu akzeptieren, wie es nun einmal ist, mit all seinen „Stärken" und seinen schwächeren Anteilen. Diese Akzeptanz ist der Schlüssel zu einem zufriedenen und harmonischen Zusammenleben.

Siehe dazu auch die Bücher von Nossrat Peseschkian (Literaturverzeichnis).

16. „Dem anderen in der Familie sein Schicksal lassen“

Warum ist der Bruder behindert und man selbst ist gesund? Wieso musste der Vater im Krieg sterben? Warum ist die Mutter zur Alkoholikerin geworden?
Solche und ähnliche Fragen führen leider in keiner Weise zu Lösungen. Angemessen dagegen ist *Mitgefühl* mit dem Schicksal des anderen.
Das Wort „Mitgefühl“ ist mit Bedacht gewählt. Würde man stattdessen das Wort „Mitleid“ verwenden, so käme etwas Unachtsames heraus, etwas, das von der eigenen Person weggeht.
Es ist einfacher, Mitleid zu haben, als jemandem achtungsvolles Mitgefühl entgegenzubringen. Doch eine mitleidige Haltung kann nur allzu schnell dazu führen, dass man sich innerlich über die andere Person stellt und sie damit letztendlich abwertet.
Mitgefühl hingegen bedeutet, *mit* dem anderen zu fühlen, ihn körperlich, emotional oder geistig zu begleiten, ihm zuzuhören und gegebenenfalls Hilfe anzubieten. Mitgefühl schafft kein Machtgefälle zwischen den beteiligten Menschen, weshalb es gut angenommen werden kann.

17. „Kinder sind Repräsentanten der Familie.“

Kinder spiegeln die Struktur, die Beschaffenheit und die Regeln einer Familie wider. Entsprechend können die Kinder sich nur so weit entwickeln, wie die Familie es zulässt!
Vielen Eltern ist die Struktur ihrer Familie bewusst. In anderen Fällen hingegen bewirken unterbewusste Prozesse, dass Eltern ein Kind z.B. schulisch nicht fördern oder gar in seinem Weiterkommen behindern. Als „einfache Arbeiter“ beispielsweise fürchten sie, ihr Kind könne sie später als Akademiker überflügeln. Unbewusst versuchen sie also, die Struktur ihrer Familie aufrechtzuhalten und sich vor Problemen zu schützen, die ein Aufbrechen dieser Strukturen mit sich bringen könnte.
In einer Beratung oder in einer Therapie werden leider allzu oft die Kinder isoliert betrachtet und behandelt. In den meisten Fällen wäre es jedoch angebracht, die ganze Familie in den Blick zu nehmen. Nur so kann es zu positiven Veränderungen kommen.

18. „Das ‚Überhöhte‘ verdrängt die Wurzeln der Familie.“

Mit „überhöht“ ist gemeint, dass ein Mensch überzeugt davon ist, „besser als die anderen“ zu sein. Er ist besser, weil er besonders weise ist, besonders viel meditiert, Visionen hat, sehr gebildet oder besonders erfolgreich ist. Oder er glaubt einfach, alles immer im Griff zu haben.

Welche Form die „Überhöhung“ bei einem Menschen auch immer annimmt, sie dient oft dazu, die Unterstützung der Familie zu ersetzen oder die familiären Wurzeln zu verleugnen – aus vielfältigen Gründen. Vielleicht schämt sich jemand seiner familiären Herkunft und will sich distanzieren. Oder er will allen beweisen, dass er es auch ganz alleine schaffen kann. Manchmal äußert sich so auch eine ungeheure Wut, z.B. darüber, als Kind vom Vater verlassen worden zu sein.

Was es auch immer sein mag, ein hilfreicher Satz für solche Menschen ist: „Das Gewöhnliche ist gut genug.“

B. Imaginationen und innere Bilder

1. Die Kraft der Ahnen

Kinder suchen in erster Linie Sicherheit und Geborgenheit bei ihren Eltern. Was aber, wenn die Mutter oder der Vater oder gar beide dieses Bedürfnis nicht stillen können? Was, wenn sie zu sehr mit sich selbst beschäftigt sind und aufgrund von schweren Problemen, Krankheit, Schicksalsschlägen oder Geldnot die Bedürfnisse ihrer Kinder aus dem Blick verlieren? In diesem Fall eignet sich folgende Imaginationsübung:

Stellen Sie sich vor, Sie stehen in einem sehr großen Raum.
In Ihrer Fantasie stellen Sie nun Ihre Eltern hinter sich, den Vater auf die rechte Seite, die Mutter auf die linke.
Ist Ihnen das gelungen, stellen Sie hinter Ihre Eltern deren Eltern, die Großväter stehen rechts, die Großmütter links.
Anschließend kommen die Urgroßeltern an die Reihe. Auch wenn Sie diese Menschen nicht gekannt haben sollten, stellen Sie sie in Ihrer Fantasie auf.
Jetzt kommen die Ururgroßeltern an die Reihe.
Hinter Ihnen entsteht auf diese Weise eine große Menschentraube Ihrer Ahnen, die immer breiter und auch nach hinten hin immer größer wird. Diese Ansammlung Ihrer Ahnen können Sie sich wie einen Stammbaum vorstellen, der sich immer weiter verzweigt.
Stellen Sie in Ihrer Fantasie weitere Ahnen hinter sich auf, bis Sie das Gefühl haben, dass die Anzahl der Personen ausreicht.
Jetzt lehnen Sie sich in Gedanken nach hinten zurück. Zuerst bekommen Ihre Eltern Ihr Gewicht zu spüren. Wenn es für sie zu schwer wird, lehnen auch sie sich nach hinten zurück. Vielleicht lehnen sich auch die Großeltern an die Urgroßeltern, aber unter Umständen halten sie das Gewicht ihrer Kinder und Enkel auch ganz gut.
Insgesamt gibt Ihnen die Reihe und Anzahl der Ahnen so viel Kraft und Sicherheit, dass Sie sich ruhig anlehnen können, auch wenn Ihre Eltern nicht in der Lage sind, allein Ihr Gewicht zu tragen.
Spüren Sie die Kraft, die Ihre familiären Wurzeln Ihnen geben!
Auch Familienmitglieder, auf die die Familie nicht unbedingt stolz ist, zählen dazu und sind ein Teil des Gefüges und somit auch ein Teil der gesamten familiären Kraft!

Geht es in Ihrer familiären Problematik hauptsächlich um einen Elternteil, beispielsweise um Ihren Vater, so können Sie ausschließlich die männliche Ahnenreihe in Ihrer Fantasie aufstellen: Hinter ihnen steht Ihr Vater, dahinter der Großvater, der Urgroßvater usw. – eine lange Reihe von männlichen Ahnen.

2. Die Eltern so lassen, wie sie sind

Wahrscheinlich gibt es sehr wenige Menschen, die von sich behaupten können: „Ich habe wundervolle Eltern, die immer alles richtig gemacht haben."

In den allermeisten Fällen gibt es kleinere oder auch größere Kritikpunkte an den Eltern. Für die Kinder ist es in der Regel sehr schwierig, damit umzugehen, insbesondere dann, wenn es sich um wirklich schlimme Vergehen oder Versäumnisse der Eltern handelt.

Doch egal, wie gut oder wie schlecht sich Ihre Eltern um Sie gekümmert haben oder wie sie sich auch aufgeführt haben mögen: Eine Bindung zu Ihren Eltern bleibt bestehen. Daran können Sie nichts ändern, wohl aber an Ihrer eigenen *inneren Haltung* zu den Taten der Eltern!

Stellen Sie sich zuerst Ihren Vater vor, sein genaues Erscheinungsbild, möglichst konkret.
Anschließend gehen Sie innerlich für sich durch, was Sie an Ihrem Vater schätzen. Lassen Sie sich dafür Zeit und denken Sie ruhig auch an kleinere Dinge.
Dann erinnern Sie sich an alles, was Ihr Vater für Sie getan hat, was in Ihren Augen gut und hilfreich gewesen ist. Auch dafür lassen Sie sich bitte genug Zeit.
Spüren Sie bei all Ihren Gedanken, wie es Ihnen gefühlsmäßig geht.
Wenn Sie dies abgeschlossen haben, wenden Sie sich den Dingen zu, die Sie an Ihrem Vater überhaupt nicht mögen, Dinge, die Sie stören oder gar abstoßen.
Anschließend erinnern Sie sich an alles, was Ihr Vater in Ihren Augen nicht richtig gemacht hat. Dies können kleinere oder größere Dinge sein. Nehmen Sie einfach wahr, was Ihnen einfällt und auch hier, wie Ihr Gefühl dazu ist.
Nun stellen Sie sich Ihren Vater wieder konkret vor. Sie haben gerade über seine Stärken und Schwächen, über seine guten und weniger guten Taten nachgedacht. Schauen Sie Ihren Vater einfach an, wie er ist, mit allem, was ihn ausmacht.
Sie müssen weder Dinge gutheißen, die Sie gar nicht an ihm mögen, noch müssen Sie etwas schönreden, was wirklich nicht schön war. Ihre Aufgabe ist es, Ihren Vater so zu lassen, wie er nun mal ist.
Sie selbst werden Ihren eigenen Weg gehen und haben die Möglichkeit, sich weiterzuentwickeln!
Nehmen Sie all die Dinge, die Ihnen gut an Ihrem Vater gefallen, für sich mit, und all die Dinge, die Sie gar nicht mögen, versuchen Sie anders zu machen, so, wie es *Ihnen* entspricht!

Gehen Sie dann die gleichen Punkte mit Ihrer Mutter durch.

3. Sich selbst als Mutter (Vater) zustimmen

Stellen Sie sich eine Skala von 1 bis 10 vor. Wenn Sie hier einordnen sollten, inwieweit Sie sich selbst als Mutter (Vater) zustimmen: Wo würde Ihr Wert liegen? Eine 1 besagt, dass Sie sich selbst in Ihrer Rolle sehr wenig zustimmen und entsprechend wenig hinter Ihren Taten und Entscheidungen stehen. Eine satte 10 hingegen sagt aus, dass Sie Ihre Rolle als Mutter (Vater) voll und ganz in Besitz genommen haben, einschließlich der Fehler, die wohl alle Eltern machen.
Suchen Sie jetzt den passenden Wert zwischen 1 und 10 für sich aus.
Wenn Sie diesen Wert gefunden haben, denken Sie an all die Dinge, die Sie gerade zu diesem Ergebnis geführt haben: Was finden Sie, haben Sie als Mutter (Vater) gut hinbekommen und was ist

Ihnen so gar nicht gelungen? Welche Erinnerungen in Verbindung mit Ihrem Kind/Ihren Kindern sind sehr schön und welche sind furchtbar?
Betrachten Sie all Ihre Überlegungen als eine Art „Bestandsaufnahme“: Was ist da, und was ist nicht da? Versuchen Sie sich mit persönlichen Bewertungen oder Schuldzuweisungen zurückzuhalten: Sie sind, wie Sie sind. Für Ihre Handlungen gab es damals Gründe.
Gehen Sie nun innerlich wieder zu den Dingen, die Ihnen an sich selbst als Mutter (Vater) nicht gefallen: Wie könnten Sie diese Dinge verändern und verbessern? Gibt es Menschen, die Ihnen bei diesen Verbesserungen behilflich sein könnten?
Haben Sie schon einmal in Erwägung gezogen, Ihr Kind/Ihre Kinder – vor allem wenn diese bereits erwachsen sind – zu befragen, was an Ihrer gemeinsamen Beziehung weiterentwickelt oder verbessert werden könnte?

Zum Schluss noch ein Hinweis: Selbst eine Mutter (ein Vater), die (der) sich selbst eine 10 gibt, ist keine „perfekte“ Mutter (kein „perfekter“ Vater). Das kann niemand sein, weil jedes Kind ein Individuum mit seinen ganz eigenen Bedürfnissen und einem völlig anderen Blick auf die Welt ist. Entscheidend ist vielmehr, die eigene Persönlichkeit als Mutter (Vater) stets weiterzuentwickeln und sich zu bemühen, aus den eigenen Fehlern zu lernen.

4. Der Ort der Kindheit

Die nun folgende Imaginationsübung stellt eine Möglichkeit dar, sich an den Ort der Kindheit zurückzuversetzen und dort positive Erinnerungen einzusammeln, die Kraft und Zuversicht in die Gegenwart bringen können.

Stellen Sie sich vor, Sie liegen ganz bequem auf einer Wiese. Es ist angenehm warm und für Sie gibt es nichts weiter zu tun als herumzuliegen und sich zu entspannen. Achten Sie auf Ihre Atmung, und bei jedem Ausatmen lassen Sie Ihre Muskulatur etwas lockerer.
Wenn Sie sich entspannt fühlen, nehmen Sie in Ihrer Fantasie die Umgebung der Wiese wahr, wo Sie sich gerade befinden.
Anschließend stehen Sie in Ihrer Vorstellung auf und gehen einen kleinen Pfad entlang, den Sie am Rand der Wiese entdeckt haben. Der Pfad windet sich in Schlangenlinien und Sie folgen ihm.
Nachdem Sie eine Weile gegangen sind, sehen Sie in der Ferne ein Haus und Sie gehen neugierig näher.
Jetzt sind Sie ein Stück nähergekommen und bemerken, dass es sich um das Haus handelt, in dem Sie als Kind aufgewachsen sind. Wenn Sie früher in einer Wohnung gelebt haben, dann steht jetzt das Haus vor Ihnen, in dem sich diese Wohnung befunden hat.
Sie nähern sich langsam der Haustür und treten schließlich ein, die Tür ist nicht verschlossen.
Gehen Sie hinein in die Wohnung Ihrer Kindheit. Schauen Sie sich in Ruhe um.
Gehen Sie zuerst ins Wohnzimmer. Wie sieht es dort aus? Was für Möbel und Gegenstände gibt es dort?
Wenn Sie genug gesehen haben, steuern Sie Ihr Kinderzimmer an. Hatten Sie ein Zimmer für sich allein oder haben Sie es mit Geschwistern geteilt? Treten Sie ein und lassen Sie alles auf sich wirken, so lange Sie mögen.
Wenn Sie alle Eindrücke in sich aufgenommen haben, suchen Sie sich drei Dinge aus dem Kinderzimmer, an die Sie positive Erinnerungen haben und die Sie gerne mitnehmen möchten. Falls es sich um große Gegenstände handelt, ist das kein Problem: Es gibt eine entsprechende Tasche

oder einen großen Rucksack für den Transport. Denken Sie nicht zu lange darüber nach, was Sie mitnehmen möchten, folgen Sie Ihren spontanen Gedanken und Ihrer Intuition.
Wenn Sie drei Dinge gefunden haben, packen Sie sie in die Tasche oder in den Rucksack. Lassen Sie den Blick noch einmal durch das Kinderzimmer schweifen. Danach verlassen Sie diesen Raum.
Langsam gehen Sie durch die Wohnung oder das Haus wieder in Richtung Haustür und kommen schließlich zurück auf den Pfad.
Draußen scheint die Sonne, es ist sehr angenehm warm und Sie gehen den Pfad, auf dem Sie zuvor hergekommen sind, wieder zurück.
Schließlich erreichen Sie wieder die Wiese und lassen sich dort nieder.
Nehmen Sie nun die drei Gegenstände aus Ihrer Kindheit aus der Tasche oder aus dem Rucksack. Betrachten Sie die Dinge genau und spüren Sie nach, was für Gefühle Sie bei sich wahrnehmen können.
Gibt es etwas, das Sie sich bis heute aus Ihrer Kindheit bewahrt haben, vielleicht ein Hobby oder eine lieb gewonnene Angewohnheit?
Vielleicht stellen Sie auch fest, dass etwas verloren gegangen ist, das auch heute, eventuell in abgewandelter Form, noch gelebt werden könnte, wenn Sie dies wollten.
Behalten Sie auf jeden Fall die drei Gegenstände, die Sie mitgenommen haben, im Gedächtnis! Vielleicht können diese Dinge, mit all den dazugehörigen Gefühlen, Sie innerlich in manchen Situationen Ihres Lebens unterstützen.

5. Die Seele schmiegt sich an

In manchen Familien ist eine Annäherung an die Eltern vonseiten der Kinder nicht mehr möglich. Entweder sind die Eltern bereits verstorben oder die emotionale Distanz ist bereits so groß, dass kein Kontakt mehr hergestellt werden kann.
Auch der umgekehrte Fall ist denkbar, nämlich dass die Eltern sich gerne an ihre erwachsenen Kinder annähern möchten, was diese aus unterschiedlichen Gründen jedoch nicht zulassen können oder wollen.

Egal um wen es in Ihrem Fall gehen mag, um Eltern oder Kinder, vielleicht auch um Geschwister oder andere Familienangehörige: Stellen Sie sich zuerst einmal die Person vor, zu der Sie innerlich Kontakt aufnehmen möchten. Das Alter der Person spielt keine wichtige Rolle, Hauptsache Sie sehen den entsprechenden Menschen vor Ihrem inneren Auge.
In Ihrer Fantasie gehen Sie nun auf diesen Menschen zu, und Ihre eigene Seele schmiegt sich an sie oder ihn.
Stellen Sie sich dabei vor, dass Ihre Seele ein tiefes Bedürfnis danach hat, diesen Kontakt aufzunehmen. Der Seele des anderen Menschen geht es ebenso und Ihrer beider Seelen schmiegen sich aneinander.
Die Probleme und Hindernisse aus der realen Welt liegen weit hinter Ihnen. Hier geht es ausschließlich um die Berührung Ihrer beider Seelen.
Bleiben Sie so lange bei der Seele des anderen Menschen wie Sie mögen, und spüren Sie dabei nach, wie es Ihnen geht. Was fühlen Sie?
Wenn Sie den Eindruck haben, dass es Zeit ist, sich wieder voneinander zu lösen, dann tun Sie dies in einer für Sie angemessenen Form.
Treten Sie innerlich wieder ein Stück zurück und schauen Sie den Menschen, an den Sie gerade Ihre Seele geschmiegt haben, nochmals an.
Spüren Sie nach, ob Sie diese innere Begegnung irgendwann wiederholen möchten oder nicht.

6. Dem Verlorenen einen Platz geben

Im Laufe eines Lebens kann vieles verloren gehen: die Mutter, der Vater, ein Lebenspartner, ein Kind, Geschwister, Tanten, Onkel, Freunde, Kollegen. Aber nicht nur Menschen gehen verloren, häufig sind es auch Lebenskonzepte, Pläne oder Wünsche. Manche Menschen verlieren ihre Heimat oder ihre Freiheit, andere ihre Gesundheit oder all ihren Besitz. Wer oder was auch immer verloren gegangen sein mag, innerlich kann dieser Mensch oder dieses Etwas wieder ins Bewusstsein und ins Herz zurückgeholt werden. Dazu gehören auch Dinge, die niemals Realität werden konnten, wie beispielsweise ein Kind zu bekommen oder eine Beziehung mit einem bestimmten Menschen zu führen.

Fragen Sie sich innerlich, wen oder was Sie verloren haben.
Nehmen Sie sich dafür Zeit und warten Sie ab, was Ihnen in den Sinn kommt. Möglicherweise sind Sie erstaunt, was Ihnen zuerst einfällt. Vielleicht ist die Sache aber auch ganz klar und überhaupt nicht verwunderlich.
Wenn Sie etwas „Verlorenes“ gefunden haben, nehmen Sie diesen Menschen oder dieses Etwas genau in den Blick, schauen Sie es gut an und lassen es auf sich wirken.
Dann stellen Sie sich vor, dass Sie diesem Menschen oder diesem Etwas einen Platz in Ihrem Herzen geben. Spüren Sie genau nach, wie es Ihnen geht mit diesem Gedanken: einen Platz im Herzen geben.
Wenn es Ihnen stimmig erscheint, nehmen Sie den Menschen oder das Etwas in Ihr Herz auf, sodass Sie sich stets an dieses „Verlorene“ erinnern können.
Welche Gefühle sich auch immer in Ihnen regen mögen, vielleicht Trauer oder Freude oder Wut – was auch immer: Lassen Sie es einfach, wie es gerade ist. Versuchen Sie nicht, etwas an Ihren Gefühlen zu verändern. Die Dinge sind nun einmal wie sie sind und wollen so auch akzeptiert werden.

C. Handlungsvorschläge und Übungen

1. Eine Last zurückgeben

Häufig sind Eltern mit ihrer Lebenssituation überfordert, was dazu führt, dass Kinder Probleme innerlich mittragen, obwohl dies nur selten jemandem aus dem Familiensystem bewusst ist. Besonders deutlich wird dieses Phänomen in Extremsituationen, beispielsweise im Krieg. Aber auch Arbeitslosigkeit und Armut führen leider nicht selten zu Lebensumständen, in denen die Eltern unbewusst immer mehr Verantwortung auf die Kinder schieben. Generell kann man sagen, dass Kinder umso weniger von den Familienlasten zu tragen haben, je mehr die Eltern verantwortungsvoll und bewusst ihr eigenes Leben in die Hände nehmen und Probleme und Konflikte eigenständig lösen.

Nehmen Sie sich ein Stück Papier zur Hand und unterteilen Sie es in zwei Spalten: „Mutter" und „Vater". In diese Liste schreiben Sie jetzt alles, das Ihrer Meinung nach *nicht* zu Ihnen selbst, sondern zu Ihrer Mutter oder Ihrem Vater gehört, vielleicht auch zu beiden. Es kann sich um „große Dinge" handeln (z.B., dass ein Sohn die Rolle des Partners seiner verlassenen Mutter ausfüllen sollte), aber auch um „kleinere Dinge" (z.B., dass eine Mutter ihre Tochter vorschickt, um Dinge mitzuteilen, die ihr selbst unangenehm sind).
Manchmal ist es sinnvoll, eine solche Liste einige Tage liegen zu lassen. So können Sie jederzeit noch etwas hinzufügen, das Ihnen nicht direkt präsent war.
Wenn Sie den Eindruck haben, dass die Liste vollständig ist, lesen Sie sich alles noch einmal in Ruhe durch.
Fangen Sie bei Ihrer Mutter an: Wie schwer wiegt für Sie all das, was über Ihre Mutter in der Liste steht? Wie viele Kilo mögen es sein?
Auch wenn es Ihnen anfangs abwegig erscheinen sollte, solche Dinge in Kilogramm zu bemessen: Versuchen Sie es!
Kommen Sie beispielsweise zu der Überzeugung, dass es ca. 10 kg sein müssen, dann nehmen Sie sich eine Kiste, einen Karton oder eine stabile Tasche und packen dort Dinge hinein, die in etwa 10 kg wiegen. Das können Steine sein, Bücher, volle Wasserflaschen oder andere schwere Gegenstände.
Wenn Ihre Kiste fertig gepackt ist, dann heben Sie sie hoch und tragen sie ein wenig herum. Spüren Sie genau nach, wie es Ihnen mit dem Gewicht geht.
Machen Sie sich bewusst, dass Sie da etwas tragen, *das nicht zu Ihnen gehört!*
Setzen Sie jetzt die Kiste wieder ab und stellen Sie einen Stuhl vor sich hin, der symbolisch für Ihre Mutter stehen soll. Stellen Sie sich Ihre Mutter vor, wie sie dort auf diesem Stuhl sitzt und auf Sie schaut.
Wenn Sie ein Bild von Ihrer Mutter vor Ihrem inneren Auge haben, dann heben Sie die Kiste wieder auf und spüren das Gewicht. Sie schauen Ihre imaginäre Mutter an und sagen zu ihr: „Dies habe ich für dich getragen Mutter, mit Liebe. Aber nun gebe ich es dir wieder zurück, es gehört zu dir."

Wenn Sie diesen Satz gesagt, oder auch innerlich gedacht haben, dann stellen Sie das Paket auf dem Stuhl ab. Ihre Mutter hat es jetzt quasi auf dem Schoß.
Treten Sie dann ein Stück zurück. Spüren Sie genau nach, wie es Ihnen gerade geht.
Dann schauen Sie wieder auf Ihre imaginäre Mutter mit dem Paket auf dem Schoß, die Sie freundlich anschaut. In ihrem tiefsten Inneren weiß Ihre Mutter, dass dieses Paket ihr eigenes ist und dass es nichts bei Ihnen, ihrem Kind, zu suchen hat.

Die gleiche Übung führen Sie anschließend mit Ihrem Vater durch.

2. Den Druck wegstreicheln

Oftmals üben Angehörige großen Druck aufeinander aus, ohne sich dessen überhaupt bewusst zu sein. Wenn z.B. eine Mutter ihre Tochter über alle Maßen liebt, alles für sie tut, immer für sie da ist, kann die Tochter sich zunehmend erdrückt fühlen. Sie traut sich jedoch nicht, dies der Mutter mitzuteilen, die es „nur gut meint" und die Tochter „ja so sehr liebt". Doch die Liebe geht manchmal Wege, die alles andere als zuträglich für die geliebten Menschen sind.
Diese Art des inneren Drucks ist irgendwann auch körperlich zu spüren, besonders häufig im Brustkorb und am Herzen, als „Kloß im Hals" oder als schmerzliches Magendrücken.

Wo auch immer der Druck bei Ihnen spürbar sein mag: Um dies zu verändern, legen Sie sich möglichst bequem auf den Rücken. Spüren Sie Ihrer Atmung nach und versuchen Sie mit jedem Ausatmen die Muskulatur etwas lockerer zu lassen.
Anschließend legen Sie eine Hand auf die Stelle, die Ihnen Schmerzen oder Druck verursacht. Versuchen Sie, in diese Stelle hinein zu atmen bzw. die Atembewegung bis zu der schmerzenden Stelle zu spüren.
Nun denken Sie an die Person, von der Sie glauben, dass sie etwas mit Ihrem inneren Druck zu tun hat. Stellen Sie sich die Frage: Liebe ich diese betreffende Person?
Versuchen Sie diese Frage möglichst spontan zu beantworten, ohne innerlich Argumente oder Definitionen formulieren zu wollen.
Wenn Sie die Frage mit „Nein" beantwortet haben, dann fragen Sie sich bitte, ob Sie der betreffenden Person gegenüber loyal sind.
Mit dem Gefühl, das Sie für die Person gefunden haben, egal ob Liebe oder Loyalität, gehen Sie innerlich in dieser Übung weiter. Sollten Sie auch auf die Frage nach Loyalität mit „Nein" geantwortet haben, dann versuchen Sie, möglichst wohlwollend an die betreffende Person zu denken.
Fangen Sie jetzt an, die schmerzende oder drückende Stelle Ihres Körpers zu streicheln. Streicheln Sie dabei so intensiv, wie es Ihnen angemessen erscheint.
Denken Sie beim Streicheln an die Liebe (bzw. die Loyalität oder das Wohlwollen), die Sie für diesen Menschen empfinden.
Spüren Sie auch Ihre Atmung dabei und verändern Sie sie nicht willentlich! Nehmen Sie einfach wahr, was in Ihrem Körper vorgeht.
Streicheln Sie weiter, so lange Sie das Bedürfnis danach verspüren.
Werden Sie sich bewusst, dass dies *Ihr* Körper ist, der einen Druck oder Schmerz aushält, der vielleicht zu einem anderen Menschen gehören mag.
Stellen Sie sich die Frage, was es sein könnte, was Sie in sich haben, das gar nicht zu Ihnen gehört. Sollten Sie fündig werden, können Sie direkt die vorangegangene Übung 1, „Eine Last abgeben", anschließen.

3. Dazugehören wollen

Wir alle haben ein tiefes Bedürfnis, „dazugehören" zu wollen, handelt es sich doch um eine Art Ur-Drang, der früher entscheidend zum Überleben beitrug. Auch in unserer heutigen Zeit ist das „Dazugehören" essenziell. Wer als Kind aus der Familie ausgestoßen wird, hat – abhängig vom Alter – nur sehr schlechte Chancen zu überleben. Auch wenn Institutionen die Versorgung und Erziehung übernehmen, wenn ein Kind in Heimen oder bei Pflegeeltern aufwächst, bleibt innerlich die tiefe verzweifelte Frage: „Wieso wollte meine Familie mich nicht?" Oder, speziell auf die Mutter bezogen: „Wieso wollte meine Mutter mich nicht?"
Für das Grundbedürfnis des Dazugehörens hat die Familie also eine äußerst wichtige Funktion, ebenso wie das kulturelle Umfeld, in dem eine Familie lebt.

Nehmen Sie sich ein Blatt Papier und schreiben Sie auf, inwieweit Sie sich Ihrer Familie als Ganzes zugehörig fühlen. Dies können Sie in Ihren eigenen Worten formulieren oder als Wert auf einer Skala von 1-10 ausdrücken. Wählen Sie letztere Möglichkeit, würde die 1 für sehr wenig Zugehörigkeit stehen und die 10 für ein maximales Zugehörigkeitsgefühl.
Lassen Sie das Ergebnis Ihrer Überlegungen auf sich wirken: Wie fühlt es sich an? Würden Sie sich gern mehr zugehörig fühlen, oder vielleicht auch weniger, als dies in der Realität der Fall ist? Wenn Sie möchten, notieren Sie auch zu diesen Gedanken einige Sätze.
Nun überlegen Sie bitte, ob es Menschen innerhalb Ihrer Familie gibt, von denen Sie wissen oder glauben, dass sie sich überhaupt nicht zugehörig fühlen, die vielleicht sogar „ausgestoßen" wurden. Indem Sie sich das Phänomen des „Ausgestoßen-Seins" in Ihrer Familie näher betrachten, wird auch der Wert des Dazugehörens noch einmal verdeutlicht.
Wer wurde in Ihrer Familie ausgestoßen? Was wissen Sie über diesen Menschen? Kennen Sie ihn oder sie persönlich, oder gibt es nur Erzählungen innerhalb der Familie über diese Person?
Und falls es nur Erzählungen gibt: Haben Sie selbst Lust, mit diesem Menschen einmal in Kontakt zu treten? Möchten Sie sich vielleicht selbst ein Bild machen?
Wie fühlen Sie sich bei dem Gedanken, einen solchen Kontakt aufzunehmen? Schreiben Sie auch hier, wenn Sie mögen, Ihre Gedanken dazu auf.
Schließlich können Sie sich noch die Frage stellen: Zu wem oder was möchten Sie, außer zu Ihrer Familie, dazugehören?
Das könnte ein Verein sein, ein bestimmter Freundeskreis oder eine bestimmte Firma, aber auch eine Schule, Universität oder Ausbildungsstätte. Vielleicht möchten Sie sich auch einem bestimmten Menschen zugehörig fühlen und eine nähere Beziehung eingehen.
Schreiben Sie alle Menschen oder Institutionen oder Vereine auf, zu denen Sie gerne gehören würden.
Anschließend prüfen Sie, ob Ihre Wünsche in die Tat umgesetzt werden können. Was müssten Sie tun oder ausprobieren, um Ihrem Wunsch näher zu kommen? Was könnte schlimmstenfalls passieren, wenn es nicht klappt?
Spüren Sie nach, wie es Ihnen gerade geht und lassen Sie alle diese Fragen auf sich wirken.

4. Das Gute an meiner Familie ist ...

Wie oft schimpfen wir über die Macken und merkwürdigen Szenarien in unserer Familie! Wie oft können wir rein gar nicht nachvollziehen, was sich die Mutter um Himmels Willen jetzt wieder dabei gedacht hat, oder warum der Vater solch seltsame Ansichten äußert.

Mehr oder weniger bizarre oder höchst seltsame Dinge gibt es wahrscheinlich in jeder Familie. In der nun folgenden Übung soll jedoch das Augenmerk auf das Positive gelenkt werden.

Nehmen Sie sich Papier und einen Stift zur Hand und notieren Sie als Titel: „Das Gute an meiner Familie ist …" Dann schreiben Sie spontan alles auf, was Sie gut, hilfreich, unterstützend oder auf irgendeine Weise positiv finden.
Sie können Ihre Familie als Ganzes betrachten. Es ist aber ebenso möglich, sich einzelne Personen vorzunehmen: Was finde ich positiv an meiner Mutter? Was an meinem Vater? Was an einer Schwester oder einem Bruder? Was an der Oma oder dem Opa?
Wenn Sie alles aufgeschrieben haben, was Ihnen eingefallen und was für Sie wichtig ist, lesen Sie die einzelnen Punkte in Ruhe noch einmal durch.
Fällt Ihnen etwas auf? Gibt es vielleicht Dinge, die bei mehreren Personen vorkommen?
Wenn Sie Lust haben, gehen Sie Ihre Notizen daraufhin durch, welche positiven Dinge auch auf *Sie selbst* zutreffen. Wem sind Sie in der Familie charakterlich ähnlich und wem eher nicht?
Lassen Sie alles auf sich wirken und spüren Sie nach, wie es Ihnen gerade geht.

Wollen Sie Ihren Familienangehörigen (und sich selbst!) eine Freude machen, so schreiben Sie die positiven Dinge über eine Person auf, z.B. über Ihre Mutter, und schenken Sie ihr diese Darstellung ihrer Person aus einem positiven Blickwinkel.
Wenn Sie ein kreativer Mensch sind und Lust dazu haben, können Sie alles besonders schön aufschreiben, vielleicht auf edlem Papier. Vielleicht machen Sie auch aus den einzelnen Punkten ein Gedicht, bemalen das Blatt oder verschönern es auf andere Weise.
Sie können auch all das Positive z.B. auf einem Familienfest vortragen – wenn Ihnen der Sinn danach steht.
Egal, wie Sie diese Übung für sich umsetzen: Wichtig ist, den eigenen Blick auf das Positive der anderen Familienmitglieder zu richten und nicht immer nur ihre Schwächen und Fehler zu sehen.

5. Liebe und Anerkennung

Im tiefsten Innern wünschen sich alle Menschen Liebe und Anerkennung von ihren Eltern. Doch wie oft kommt diese Zuneigung bei den Kindern nicht an! Manchmal ist der Vater, manchmal sogar die Mutter unbekannt. Manchmal versterben Eltern frühzeitig oder sind so krank, dass sie sich nicht ausreichend um ihre Kinder kümmern können. Aber auch ganz alltägliche Faktoren können verantwortlich dafür sein, warum Kinder viel zu wenig Liebe und Anerkennung bekommen: Die Eltern sind so mit ihrem Beruf, ihrer Karriere oder ihren eigenen Belangen beschäftigt, dass keine Zeit und Energie mehr für die Familie und die Kinder bleibt.
Welche Gründe auch immer vorliegen mögen: Seine Wünsche und Bedürfnisse überhaupt erst einmal *zu formulieren*, kann u.U. schon helfen.

Wenn Sie sich zu den Kindern zählen, die von Mutter, Vater oder von beiden zu wenig Liebe und Anerkennung bekommen haben, dann nehmen Sie sich bitte ein Blatt Papier und einen Stift zur Hand. Versuchen Sie nun, Ihre Bedürfnisse in Sätzen auszudrücken. Solche Sätze könnten folgendermaßen aussehen:
„Ich hätte mir mehr Aufmerksamkeit und Anerkennung gewünscht."
„Manchmal glaube ich, du konntest mir deine Liebe einfach nicht zeigen."

„Ich sehe die Umstände, unter denen du mich großgezogen hast. Dennoch hätte ich mir mehr Wärme und Liebe gewünscht."
„Ich verstehe bis heute nicht, warum du so wenig Zeit für mich hattest. Bitte erkläre es mir."
Leben Ihre Mutter oder Ihr Vater noch, können Sie überlegen, ob Sie den entsprechenden Satz von Angesicht zu Angesicht äußern möchten. Vielleicht wollen Sie ihn aber auch per Brief schicken oder am Telefon zur Sprache bringen.
Prüfen Sie genau, ob Ihr Satz geeignet ist, mit Mutter oder Vater in Kontakt zu treten oder ob Sie den Satz lieber für sich behalten möchten.

Wenn Sie beschließen, in Kontakt zu treten, versuchen Sie Ihre Sätze „offen" zu halten. Bieten Sie Ihrem Gegenüber die Möglichkeit zu reagieren. Vermeiden Sie nach Möglichkeit, dass es zu Rechtfertigungen oder Anschuldigungen kommt.
Die oben aufgeführten Beispielsätze bieten noch genug Spielraum für Ihre Mutter oder Ihren Vater, um ins Gespräch zu kommen und vor allem: im Gespräch zu bleiben!

6. Glaubenssätze

Wir tragen sie alle mit uns herum: unsere „Glaubenssätze". Hierbei handelt es sich um Botschaften, die Mütter, Väter, Anverwandte, aber auch Freunde, Erzieher oder Lehrer immer wieder uns gegenüber geäußert haben, bis uns diese Sätze schließlich „in Fleisch und Blut" übergegangen sind.

Es gibt Glaubenssätze, die unterstützend auf Kinder und Jugendliche wirken können, wie beispielsweise die Folgenden:
„Du bist o.k. so, wie du bist, auch wenn mal etwas schief geht."
„Du wirst das schon schaffen."
„Du bist sehr talentiert auf diesem Gebiet."
„Rückschläge erleben wir alle mal. Mach dir nichts draus."
„Du wirst deinen eigenen Weg bestimmt finden."
„Probier es doch aus, wenn du dir nicht sicher bist."

Dann gibt es aber leider auch solche Glaubenssätze, die alles andere als unterstützend sind, im Gegenteil: Sie sind abwertend, verallgemeinernd und haben mehr mit der Person zu tun, die diese Sätze äußert als mit dem Kind oder Jugendlichen, an die sie gerichtet werden. Solche Botschaften lassen das Selbstbewusstsein ins Wanken geraten, oder schlimmer noch: Sie verhindern, dass sich überhaupt ein Selbstbewusstsein bilden kann. Als negative Beispiele seien folgende Sätze genannt:
„Nie bringst du etwas zu Ende."
„So faul wie du bist: Was soll nur aus dir werden?"
„Wenn du in diesem Aufzug rumläufst, findest du nie einen Freund (eine Freundin)."
„Du bist immer so egoistisch."
„Was hab ich nur verbrochen, dass ich so ein Kind habe?"
„Das schaffst du ja sowieso nicht."

Diese Liste ließe sich endlos fortsetzen!
Wenn Sie mögen, dann überlegen Sie nun, welche Glaubenssätze Ihnen mitgegeben wurden. Schreiben Sie diese auf ein Blatt Papier.

Nun gehen Sie die einzelnen Sätze durch und fragen sich, ob tatsächlich etwas an einem Satz dran ist, oder ob nicht.
Wenn der Botschaft eines Vaters an den Sohn beispielsweise lautete: „Du warst ja für alles zu faul", könnte der Sohn überlegen, ob er wirklich für alles zu faul war, ob es sich eventuell nur um ganz wenige Dinge handelte, oder ob der Satz überhaupt nicht stimmt.
Anschließend versuchen Sie, Ihren Glaubenssatz so zu formulieren, dass er für Sie *tatsächlich zutreffend* ist. In unserem Beispiel, in dem es um die angebliche Faulheit des Sohnes geht, könnte das sein: „Ich war faul, wenn mich Dinge nicht interessiert haben, und das finde ich auch o.k. so. In meinem Fachgebiet aber bin ich sehr gut geworden."

Es kann eine unglaublich befreiende Wirkung haben, sich all die Glaubenssätze aus der Kindheit und Jugend zu vergegenwärtigen und sie anschließend in eigene, positive und realistische Sätze umzuwandeln! Also: Nur Mut!

7. Was verdrängt wurde, leben oft die Kinder aus

Kinder, die bestimmte Situationen in ihrem Leben als schmerzlich, manchmal sogar als traumatisch erlebt haben, neigen häufig dazu, die Erinnerung daran zu verdrängen. Mithilfe dieser Bewältigungsstrategie werden schmerzliche oder traumatische Erfahrungen innerlich abgetrennt und im „hintersten Winkel des Bewusstseins" abgelegt. So geraten sie anscheinend in Vergessenheit, sind aber dennoch vorhanden und gegenwärtig und sorgen beispielsweise dafür, dass ein Mensch in genau den Bereichen versagt, in denen er etwas verdrängt hat.
Aber auch für die nachfolgende Generation, für die Kinder, können derart verdrängte Erlebnisse Auswirkungen haben. Hat beispielsweise eine Frau einen Teil ihrer Sexualität verdrängt, kann es sein, dass Ihre Tochter sexuell extrem frühreif ist. Oder ein Mann, der nach einer heftigen Schlägerei in seiner Kindheit seine aggressiven und gewalttätigen Anteile verdrängt hat, könnte Kinder haben, die dazu neigen, Konflikte vorwiegend mit physischer Gewalt zu lösen.

Es gibt grundsätzlich zwei Herangehensweisen, mit den Auswirkungen von Verdrängtem umzugehen:
1. Schauen Sie sich Ihre Kinder und deren Auffälligkeiten an (z.B. Gewalt, totales Desinteresse, Kontaktarmut, sexuelle Schwierigkeiten, Lethargie) und stellen Sie sich anschließend die Frage: „Was hat das alles mit mir zu tun?"

2. Betrachten Sie Ihre eigene Kindheit und Jugend noch einmal wie einen Film vor dem inneren Auge. Achten Sie dabei besonders auf „Lücken". Haben Sie das Gefühl, dass an manchen Stellen in Ihrem Leben etwas „fehlt"?
Es macht durchaus Sinn, auch andere Familienmitglieder zu einzelnen Lebensphasen zu befragen und deren Eindrücke und Meinungen mit den eigenen Erinnerungen abzugleichen.

Auch wenn natürlich nicht alle Auffälligkeiten bei Kindern auf frühere Verdrängungen ihrer Eltern zurückzuführen sind, macht es dennoch Sinn, dass sich sowohl die Mutter als auch der Vater die Frage stellen, was das Verhalten ihres Kindes mit ihnen selbst zu tun haben könnte.

IV.
Kommunikation & Achtung

A. Unterstützende Sätze

1. „Bedürfnisse konkret benennen“

Viele Menschen setzen voraus, dass ihre Mimik, Gestik, Körperhaltung und Stimmlage dem Gesprächspartner genug Informationen geben, sodass dieser adäquat antworten oder agieren und die Bedürfnisse seines Gegenübers klar erkennen kann. Das ist ein Irrtum, der vor allem bei Menschen zum Tragen kommt, die sich schon länger kennen, bei alten Freunden oder langjährigen Arbeitskollegen beispielsweise.
Grundsätzlich gilt: Je deutlicher und konkreter wir unsere Bedürfnisse, Wünsche oder Forderungen äußern, desto größer ist die Chance, dass sie auch erfüllt werden. Selbst Menschen, die einander gut kennen, können in den wenigsten Fällen dem anderen die Wünsche „von den Augen ablesen“.

2. „Alle Menschen wollen Respekt.“

Jeder Mensch möchte in seiner Individualität ernst genommen und respektiert werden. Je stärker jemand jedoch von bestimmten kulturellen „Normen“ abweicht, desto schwerer fällt es seinen Mitmenschen, ihm gegenüber ein respektvolles Verhalten an den Tag zu legen. Damit alle in einer Gesellschaft gut zusammenleben können, gibt es natürlich Grenzen für persönliche Freiheit. Diese Grenzen sind in Gesetzen festgelegt, für deren Einhaltung es in jeder Gesellschaft entsprechende Institutionen gibt.
Manche Menschen sind der Ansicht, dass man sich Respekt erst „verdienen“ müsse. Vielleicht. Doch sollte man berücksichtigen, dass jeder Mensch seine ganz eigenen Voraussetzungen hat, um sein Leben zu gestalten. Und diese Voraussetzungen können *sehr unterschiedliche* sein, werden sie doch von zahlreichen Faktoren bestimmt: vom familiären Hintergrund, durch unterschiedliche Begabungen und Bildungsvoraussetzungen, finanzielle Ressourcen, kulturelle oder religiöse Prägungen.
Mangelnder Respekt dem anderen gegenüber ist die häufigste Ursache für Konflikte. Und wie lässt sich dieser Mangel erklären? Durch mangelnde Informationen. Sehr häufig weiß man viel zu wenig über den anderen. Und oft besteht überhaupt kein Interesse, mehr voneinander zu erfahren.

3. „Präzise Sprache schafft bessere Verständigung."

Wer kennt das nicht: Manchmal fehlen einfach die richtigen Worte. Einen Sachverhalt oder gar die eigenen Gefühle in so exakten Worten zu beschreiben, dass es für das Gegenüber auch wirklich verständlich ist, erscheint oft schwierig.
Versuchen Sie es dennoch, denn Ihr Gegenüber sollte zumindest eine Chance haben zu verstehen, um was es Ihnen geht. Und wenn Sie dann tatsächlich ganz und gar nicht die richtigen Worte finden, benennen Sie einfach Ihr Problem: „Jetzt fehlen mir gerade die Worte. Ich teile dir später mit, was ich sagen möchte, wenn ich es besser beschreiben kann."
Nicht umsonst schrieb Antoine de Saint Exupéry in seinem berühmten Buch *Der kleine Prinz:* „Die Sprache ist die Quelle aller Missverständnisse." Das ist so. Also sollten wir uns bemühen, die Missverständnisse so klein wie möglich zu halten!

4. „Mehr zuhören, weniger interpretieren."

Eine hohe Kunst, das Zuhören! Bedeutet es doch, sich voll und ganz auf das zu konzentrieren, was jemand sagt, ohne irgendwelche Interpretationen und Bewertungen im Kopf zu haben, und nicht darüber nachzudenken, wie man selbst möglichst pfiffig reagieren könnte.
Bei Menschen, die als „weise" gelten, fällt auf, dass sie das Gesagte ihres Gegenübers zunächst *auf sich wirken lassen.* So entsteht eine Gesprächspause, die jedoch weder „peinlich" noch unangemessen ist. Vielmehr zeigt sie, dass sich jemand Zeit nimmt, eine Antwort zu finden, die den Umständen und Bedürfnissen des anderen wirklich gerecht wird – eine durch aufmerksames Zuhören und bedächtiges Antworten bestimmte Form der Kommunikation, die in unserer heutigen schnelllebigen Zeit leider immer seltener anzutreffen ist.

Wer mehr über Kommunikationsformen erfahren möchte, die zu gegenseitigem Verständnis führen, dem sei der Ansatz der Gewaltfreien Kommunikation nach Marshall B. Rosenberg ans Herz gelegt (siehe Literaturverzeichnis). Die Gewaltfreie Kommunikation basiert im ersten Schritt auf Beobachtung und Zuhören ohne Bewertung. Dies ist die wesentliche Voraussetzung, um wirklich Kontakt herzustellen und unnötige Konflikte zu vermeiden.

5. „Ungleiche Redeanteile führen oft zu Unzufriedenheit."

Menschen haben generell das Bedürfnis, von sich zu erzählen, Dinge mitzu*teilen* und andere *teil*haben zu lassen an ihrem Leben. Dieses Bedürfnis ist bei manchen Menschen sehr stark ausgeprägt, sie sind äußerst kommunikativ. Bei anderen wiederum ist der Drang zu reden weniger groß.
In einem Gespräch sollten sich dennoch die Redeanteile der Beteiligten *ungefähr* die Waage halten. Wenn ein Mann beispielsweise seiner Freundin sehr ausführlich von den Dingen in seinem Leben erzählt und sie gar nicht zu Wort kommen lässt, so mag das anfangs vielleicht noch gutgehen. Auf Dauer ist das jedoch keine Basis für eine befriedigende Beziehung.

Es gibt aber auch Freundschaften und Beziehungen, die sich genau dieses Prinzip der „Ungleichheit“ zu nutze machen: Der eine redet furchtbar gerne, der andere hört lieber zu. Das ist in Ordnung – solange beide mit ihren Redeanteilen zufrieden sind und sich in ihrer Individualität entfalten können.

6. „Humor hilft oft weiter.“

In vielen Lebenslagen kann eine humorvolle Herangehensweise hilfreich sein – auch in Gefühlsdingen. Aber Vorsicht: Häufig wandeln Sie auf einem „schmalen Grat“, den es nicht zu verlassen gilt, weil sonst der Humor irritierend, unangemessen oder auch verletzend wirken kann.

In den meisten Fällen jedoch lohnt es sich, das „kleine Risiko Humor“ einzugehen, einen Witz zu erzählen oder eine lustige Begebenheit aus dem eigenen Leben. Auch ein Kommentar aus der Ecke „schwarzer Humor“ kann durchaus passen. Denn wie heißt es schon in einer weisen Redensart: „Es gibt keine bessere Form, mit dem Leben fertig zu werden, als Liebe und Humor.“

7. „Danke für die Information.“

In vielen Situationen ist der obige Satz angebracht, trägt er doch dazu bei, dass keine weiteren Konflikte oder Probleme entstehen.

Dieser Satz ist gut geeignet, sich vor Beschimpfungen, Rechthabereien und verbalen Angriffen von anderen Menschen zu schützen. Sagen Sie: „Danke für die Information“, setzen Sie quasi einen Schlusspunkt und können die unerfreuliche Situation (zunächst) beenden.

Es folgen einige Beispiele für Situationen, in denen der Satz sehr angebracht wäre:

1. Ein Nachbar beschwert sich bei Ihnen, dass Sie die Mülltonnen zu früh rausgestellt haben.
2. Ein Fahrradfahrer schimpft vor sich hin, weil Sie in seinen Augen zu viel Platz auf dem Radweg beanspruchen.
3. Eine Frau in einem Geschäft regt sich darüber auf, dass Ihr Hund vor der Ladentür laut bellt.
4. Ein Ehemann weist seine Frau, die sich um den Haushalt kümmert, darauf hin, dass das Bad dreckig ist.
5. Eine Mutter mäkelt an ihrer Tochter herum und sagt, dass ihre Klamotten nicht zusammenpassen.

8. „Darüber muss ich noch einmal nachdenken.“

„Zeit gewinnen“ lautet die Devise, wenn der oben genannte Satz eingesetzt wird. Wie oft werden wir von redegewandten oder zielstrebigen Menschen „an die Wand geredet“ und kommen gar nicht mehr dazu, alles zu durchdenken und uns eine eigene Meinung zu bilden! Fühlen Sie sich also durch ein Gespräch irritiert, sind Sie unent-

schlossen oder haben Sie gar den Eindruck, dass Sie gerade manipuliert werden, dann sagen Sie einfach: „Darüber muss ich noch einmal nachdenken."
Sollte Ihr Gesprächspartner dann den Druck noch erhöhen, weil beispielsweise ein Zeitlimit im Spiel ist, so können Sie ihm schon ein wenig entgegenkommen: „Ich gebe Ihnen in einer Stunde Bescheid. Früher geht es wirklich nicht."

9. „Das Geschlecht spielt eine Rolle."

Es spielt eine große Rolle, ob wir mit einer Person unseres eigenen Geschlechts kommunizieren oder aber mit einer Vertreterin/einem Vertreter des anderen Geschlechts. Ob wir es nun wahrhaben wollen oder nicht: Wir sind Wesen mit einem ausgeprägten Fortpflanzungstrieb, ausgestattet mit erotischen Reizen – und entsprechenden Handlungs- und Kommunikationsmustern.
In Situationen, in denen Frauen- und Männerrollen relativ klar definiert sind, beispielsweise beim Kennenlernen oder beim „Anbaggern" in einer Disco, wird die Gegengeschlechtlichkeit sehr klar wahrgenommen, was sich auch in der Art der Kommunikation zeigt.
Doch wie sieht es aus, wenn die Geschlechterrollen nicht mehr ganz klar voneinander abgegrenzt sind, wenn die Unterschiede sich verwischen? Zum Beispiel in einem Büro, wo viele Mitarbeiter und Mitarbeiterinnen gleiche Arbeiten verrichten oder unter Lernenden, die sich bemühen, denselben Stoff zu begreifen?
Natürlich spielt im Umgang mit dem anderen Geschlecht auch die eigene Lebensgeschichte eine Rolle, die Erziehung, die Kultur, die Religion und das gesamte soziale Umfeld. Als eine Art „Selbstkontrolle" oder als „Feedback" darüber, wie andere Ihre Kommunikation mit Männern und Frauen erleben, können Sie verschiedene Menschen befragen, ob ihnen an Ihrem Verhalten etwas Besonderes auffällt.
Wenn Sie die verschiedenen Signale von Frauen und Männern bewusst wahrnehmen und innerlich einordnen können, fällt die Kommunikation wesentlich leichter.

10. „Die persönliche Beziehung fördert die Kommunikation."

Welchen Unterschied macht es, mit einem Menschen zu kommunizieren, den ich gut kenne, oder mit einem, den ich überhaupt nicht kenne? Entscheidend ist, ob ich mit meinem Kommunikationspartner eine *längerfristige Beziehung* habe, wie in einer Ehe, einer guten Freundschaft oder einem langjährigen beruflichen Kontakt. Anders verhält es sich mit einer Politesse, der ich (hoffentlich!) nur einmal begegne, oder mit einer Verkäuferin in einer fremden Stadt. Ganz wesentlich für die Art der Kommunikation ist außerdem, *wie wichtig* dem betreffenden Menschen das Gespräch gerade ist. Menschen wollen, dass man sie mit ihren Bedürfnissen, Gefühlen und Meinungen wahrnimmt. Längerfristig ist von daher eine enge Beziehung – man weiß viel über den anderen und ist mit ihm vertraut – auch für die Kommunikation von Vorteil. Man kennt sich halt – und muss weniger Zeit darauf verwenden, den anderen einzuschätzen oder etwas über ihn in Erfahrung zu bringen. So kommt man schneller ins Handeln und kann insgesamt viel entspannter miteinander umgehen.

11. „Wer fragt, führt."

Wahrscheinlich ist dieser Satz vielen Leserinnen und Lesern geläufig. Und er hat seine Berechtigung, denn tatsächlich ist es der fragende Partner, der das Gespräch bestimmt und führt. Der andere Gesprächsteilnehmer ist quasi „im Zugzwang": Er muss die Fragen beantworten und kommt kaum dazu, eigene Gedanken in das Gespräch einzubringen.
Sollten Sie sich durch die vielen Fragen Ihres Gegenübers gegängelt fühlen, dann versuchen Sie es einmal mit einer Gegenfrage. Oder ignorieren Sie eine Frage und sagen Sie etwas ganz anderes. Sie können natürlich auch klar und deutlich sagen, dass Sie jetzt keine Fragen mehr beantworten wollen.
Denken Sie immer daran: *Jeder* kann einem Gespräch die gewünschte Richtung geben – indem er Fragen stellt.

12. „Störungen gehen vor."

Eine „Störung" in der Kommunikation zwischen zwei Menschen findet meist auf der Gefühlsebene statt. In der Folge ist jedoch nicht nur die Gefühlsebene „gestört", sondern auch auf der Sachebene kann es zu Schwierigkeiten kommen.
Stellen wir uns ein Ehepaar vor, das auch miteinander arbeitet: Die Frau erledigt die Büroarbeiten, während der Mann als Handwerker tätig ist. Gibt es nun zu Hause Streit zwischen den beiden, also auf der Gefühlsebene, und wird der Streit nicht beigelegt, so nehmen beide ihre Gefühle, vielleicht Wut oder Verwirrung, mit in die Arbeit. Dort wirkt sich diese „Störung" auf der Gefühlsebene auch auf der Sachebene aus. Beispielsweise macht die Frau einen Termin für ihren Mann und der beschimpft sie, dass die Uhrzeit für den Termin unmöglich sei – obwohl dies sachlich betrachtet nicht der Fall ist.
Manche Menschen sind in der Lage, die Gefühlsebene von der Sachebene klar zu trennen, was allerdings viel Übung, Disziplin und immer wieder der Rückmeldung von anderen bedarf.
Bei Störungen in der Kommunikation sollten alle Beteiligten möglichst bald versuchen, diese zu beseitigen, um anschließend wieder offener und effektiver miteinander umgehen zu können.

13. „Jeder Mensch hat eine bewusste und eine unterbewusste Verhaltensebene."

Über manche Dinge, die andere Menschen sagen oder tun, schütteln wir nur den Kopf: Wir können einfach nicht nachvollziehen, was dort gerade vorgeht und wie es zu all den Missverständnissen, dem Ärger oder Streit kommen konnte. Manchmal ist

den Betroffenen selbst schleierhaft, warum sie etwas gesagt oder getan haben – ein untrügliches Zeichen dafür, dass „der Kopf ausgeschaltet ist“, die Logik ziemlich auf der Strecke bleibt und die unterbewusste Ebene das Kommando übernommen hat.
Und das kennen wir doch auch von uns selbst, dass wir im Nachhinein denken: „Was habe ich da eigentlich gesagt?“ Oder: „Wie konnte ich mich nur so aufführen?“
Jeder Mensch hat einen bewussten und einen unterbewussten Teil. Sich allein diese Erkenntnis zu vergegenwärtigen, kann entscheidend dazu beitragen, in der Kommunikation und im Umgang mit anderen Menschen gelassener und verständnisvoller zu werden.

14. „Kritik annehmen heißt Kritik verstehen.“

Auch wenn der obige Satz für Sie banal klingen mag: Werden wir kritisiert, stellen sich zumeist spontan Gefühle wie Zorn, Abwehr oder Trauer ein. Ob wir die Kritik überhaupt richtig *verstanden* haben, prüfen wir in der Regel nicht.
Um eine Kritik-Situation besser zu bewältigen, empfiehlt es sich deshalb, mehr Informationen einzuholen, nachzufragen. Zum Beispiel: „Wie meinst du das jetzt genau?“ Oder: „Können Sie das noch konkreter beschreiben?“
Dann können wir die Meinung des Kritikers mit unserer eigenen Meinung vergleichen. Was genau kritisiert er überhaupt? Mich als Person? Mein Verhalten? Ist die Kritik ganz – oder zumindest teilweise berechtigt? Oder überhaupt nicht? Erst wenn dieser Abgleich erfolgt ist, können wir wirklich *angemessen* reagieren.
Und noch etwas: Seien Sie dankbar für konstruktive Kritik. So haben Sie die Möglichkeit, Ihr Verhalten selbst zu hinterfragen und gegebenenfalls zu ändern.

15. „Nörgeln tötet die Sympathie.“

Wer hört schon gerne Menschen zu, die pausenlos an etwas herumnörgeln und denen es keiner recht machen kann! Gegen eine konkrete Kritik ist absolut nichts einzuwenden, aber ständige Nörgelei tötet die Sympathie, die Motivation und die gute Laune. Schon nach kürzester Zeit gehen die Menschen solchen Nörglern möglichst aus dem Weg, was in der Konsequenz auch für den Betreffenden sehr frustrierend ist.

16. „Wenn alle Sinne wach sind, erlebt man Außergewöhnliches.“

Alle Sinne: Sehen, Hören, Fühlen, Riechen, Schmecken. Über unsere Sinnesorgane können wir eine wahre Flut von Informationen aufnehmen – natürlich auch über unser Gegenüber, wenn wir kommunizieren. Doch nicht nur Worte, auch Gestik, Mimik, Körperhaltung, Stimmlage, Stimmmelodie, Atmung, Augenkontakt oder Körperreaktionen, wie zum Beispiel Erröten oder Zusammenzucken, verraten uns viel.
Je genauer Sie Ihr Gegenüber beobachten und je mehr Informationen Sie so sammeln, desto eher finden Sie einen Zugang zu diesem Menschen und können schließlich auf effektive Weise mit ihm kommunizieren.

Darüber hinaus können Sie mit Ihren Sinnen unbekannte Dinge entdecken, die außergewöhnlich sind – oder einfach nur schön.

17. „Hinter einer abwehrenden Haltung verbirgt sich oft Schmerz."

Manchmal wundern wir uns, wie ablehnend und abwehrend sich Menschen uns gegenüber verhalten. Wir verstehen einfach nicht, wie es dazu kommen konnte, erleben wir uns selbst doch als offen und freundlich.
Für jedes Verhalten gibt es Gründe, bewusste oder unbewusste. Für eine abwehrende Haltung ist häufig Schmerz die Ursache, manchmal auch das Bedürfnis, sich vor Verletzungen zu schützen. Von außen betrachtet ist ein Schutzbedürfnis gar nicht leicht zu erkennen, kann es doch viele verschiedene Erscheinungsformen annehmen: Aggression, Flucht, Angriff, Trauer, Zorn, Gewalt, Überschwang, Verwirrung oder auch Erstarren.
Das Wissen, dass sich hinter einer abwehrenden Haltung möglicherweise Schmerz, in manchen Fällen auch Angst verbirgt, kann dazu beitragen, mehr Geduld und Gelassenheit in der Kommunikation aufzubringen.

B. Imaginationen und innere Bilder

Für dieses Kapitel gibt es relativ wenige Imaginationen und innere Bilder, denn in der Kommunikation geht es ganz wesentlich um das Miteinander und nicht so sehr um die einzelne Person. Nichtsdestotrotz gibt es Imaginationen für den Einzelnen, die dazu beitragen können, die Kommunikation einfacher und effektiver zu gestalten. Und eben diese werden nachfolgend beschrieben.

1. Eine wohlwollende und respektvolle Haltung einnehmen

Fast jeder Mensch hat im täglichen Leben Kontakt mit unzähligen anderen Menschen. Diese können eher flüchtig sein, z.B. mit der Verkäuferin beim Brötchenkaufen oder berufsbedingt, mit einem Kollegen. Manchmal gibt es aber auch innige Begegnungen mit nahe stehenden Personen.
Über manche Menschen haben wir viele Informationen, über andere sehr wenige. Wieder anderen begegnen wir nur in einem klar abgegrenzten Bereich, zum Beispiel im Sportverein oder in einem Volkshochschulkurs.

Schließen Sie die Augen und lassen Sie alle Gesichter der Menschen an sich vorüberziehen, mit denen Sie heute Kontakt hatten.
Anschließend nehmen Sie sich einen nach dem anderen von diesen Menschen vor und versuchen, ihn oder sie wohlwollend und respektvoll in Ihrem Inneren anzuschauen. Dabei ist es wichtig, alle Arten von Wertungen, sowohl positive als auch negative, wegzulassen. „Positive Wertungen" könnten beispielsweise sein:
„Sie sieht wirklich sehr gut aus."
„Seinen Job macht er ohne Fehler."
„Sie ist gut in Gesprächsführung, das bringt Vorteile."
„Er hat so ein nettes Lächeln."
„Wie angenehm er riecht!"

Im „negativen" Bereich lassen sich Sätze wie die folgenden finden:
„Der ist so lahm wie immer."
„Sie kriegt heute wirklich nichts auf die Reihe."
„Wie kann man nur so geschmacklos herumlaufen!"
„Ist der aber dick!"
„Das hab ich ihr schon so oft gesagt, und sie macht es einfach nicht."

Noch einmal: Betrachten Sie vor Ihrem inneren Auge alle Personen wohlwollend und respektvoll, egal, wie gut Sie diese Menschen kennen und egal wie intensiv Ihr Kontakt zu ihnen ist. Versuchen Sie, einzig Ihre Wahrnehmung, Ihre Sinne zu nutzen:
Wie sieht der vorgestellte Mensch genau aus?
Wie ist die Stimme, die Betonung von Wörtern, die Stimmmelodie?
Wie sind die Bewegungen dieser Person? Langsam oder schnell, eckig oder rund, abgehackt mit Pausen oder fließend?
Hat die Person einen wahrnehmbaren eigenen Körpergeruch oder benutzt sie vielleicht ein Parfum?
Was fällt sonst noch an der Person auf?

Wenn sich in Ihrem Inneren Widerstände gegen diese wertfreie Betrachtung von Menschen regen sollten, so lassen Sie diese Widerstände einfach da sein! Nehmen Sie sie zur Kenntnis und versuchen Sie dennoch, mit der Übung fortzufahren.
Sollte dies nicht oder nicht direkt gelingen, so haben Sie etwas Geduld mit sich selbst! Im Laufe unseres Lebens haben wir fast alle gelernt, dass Bewertungen und in Kategorien zu denken „normal" ist. Wir sind von diesen Mustern stark geprägt und entsprechend lange kann es dauern, sich von ihnen zu distanzieren und sie zu hinterfragen: Was ist eigentlich „normal"? Gibt es so etwas wie „positiv" und „negativ" überhaupt, oder ist dies eher eine Frage des Standpunktes und der persönlichen Anschauung?

Wenn Sie sich alle Menschen, mit denen Sie an diesem Tag Kontakt hatten, innerlich vorgestellt haben, dann können Sie noch Personen hinzunehmen, mit denen Sie diese Übung gerne einmal ausprobieren möchten oder solche, die Ihnen besonders am Herzen liegen.

2. Den wahren Grund für einen Streit finden

Vergegenwärtigen Sie sich den letzten Streit, den Sie mit jemandem hatten.
Wo genau befanden Sie sich?
Waren Sie unter Zeitdruck oder nicht?
Waren Sie anfangs geduldig oder eher ungeduldig?
Wie groß war der räumliche Abstand zu Ihrem Gegenüber?

Wenn Sie sich alles genau vorgestellt haben, treten Sie innerlich aus Ihrer eigenen Rolle des Streitenden heraus, und nehmen Sie stattdessen die Position *eines außenstehenden Beobachters* ein, der *beide* Streitenden im Blick hat:
Was sehen Sie als Beobachter?
Was hören Sie als Beobachter? Um was geht es bei dem Streit?
Was für ein Gefühl stellt sich bei Ihnen ein, während Sie beobachten?
Gibt es etwas, das Ihnen als Beobachter besonders auffällt?

Lassen Sie in der Rolle des Beobachters alle Ihre Wahrnehmungen auf sich wirken. Nehmen Sie sich dafür so viel Zeit, wie Sie möchten.
Anschließend stellen Sie sich selbst die Frage, ob sich an *Ihrer persönlichen Wahrnehmung* des Streites etwas verändert hat, nachdem Sie die Rolle eines Beobachters eingenommen haben. Wie geht es Ihnen gerade jetzt? Was fühlen Sie?

Gehen Sie nun wieder zurück zu dem Streit. Stellen Sie sich vor, die Worte, die dort fallen, sind nur die obere Schicht der Sache, um die es eigentlich geht.
Fragen Sie sich, um was es *wirklich* geht. Prüfen Sie zu diesem Zweck genau, wie Ihre Gefühle für den Menschen aussehen, mit dem Sie gestritten haben.
Fühlen Sie sich vielleicht zu wenig gesehen oder nicht ernst genommen?
Hätten Sie möglicherweise gerne einen engeren Kontakt, erlauben es sich aber selbst nicht? Oder gibt es vielleicht Rahmenbedingungen, die einen engeren Kontakt nicht möglich machen?
Machen Sie den anderen vielleicht für Ihre eigenen Verhaltensweisen oder Schwierigkeiten verantwortlich?
Finden Sie, der andere könnte ruhig respektvoller Ihnen gegenüber sein?
Sind Sie der Meinung, der andere sieht nur Ihre Defizite und nicht Ihr Können und Ihre Ressourcen?
Wenn Sie bei diesen oder ähnlichen Fragen etwas finden, das für Sie zutrifft, überlegen Sie für sich, ob es Ihnen angemessen erscheint, damit noch einmal in Kontakt mit der Person zu treten, mit der Sie gestritten haben. Wenn Sie dies tun sollten, versuchen Sie, von *Ihrer Wahrnehmung* und von *Ihren Gefühlen* zu reden! Bleiben Sie also bei sich selbst und vermeiden Sie Schuldzuweisungen oder Ähnliches.

3. Angreifen, abhauen, ausharren

Die drei oben genannten „A's" beschreiben in sehr vereinfachter Form, wie Menschen auf eine Problemsituation reagieren. In manchen Situationen kommt es darauf an, schnell zu handeln, weil unmittelbare Gefahr droht, beispielsweise wenn eine Schlägerei beginnt. Doch Probleme können sich genauso gut über Jahre hinziehen, wenn man sich z.B. mit dem Gedanken trägt, sich von seinem Partner zu trennen oder den Job zu wechseln.

Vergegenwärtigen Sie sich nun ein Problem, das Sie haben. Manche Dinge werden Sie vielleicht gar nicht als „Problem" bezeichnen, eher als „unabgeschlossene Situation", als „Ärgernis" oder vielleicht auch als eine „sehr unangenehme Sache".
Wenn Sie etwas oder jemanden gefunden haben, für den oder das Ihrer Meinung nach die Bezeichnung Problem bzw. eine der eben genannten anderen Bezeichnungen zutreffen, dann versuchen Sie herauszufinden, wie Sie darauf reagieren: Greifen Sie an, hauen Sie ab oder harren Sie aus?
Natürlich gibt es noch einiges „zwischen" diesen drei Kategorien. Versuchen Sie dennoch, sich für eine von den Dreien zu entscheiden.
Ist dies geschehen, fragen Sie sich innerlich, ob Sie mit dieser Lösungsstrategie Erfolg hatten. Sind Sie mit dem Ergebnis Ihrer Strategie zufrieden?
Wenn dies nicht der Fall sein sollte, schauen Sie sich die zwei Alternativen an, die es noch gibt: Kommt eine von beiden vielleicht infrage, auch wenn es auf den ersten Blick ungewohnt oder riskant erscheint?
Spielen Sie in Ihrer Fantasie durch, wohin wohl andere Lösungsmöglichkeiten führen könnten. Wenn Sie möchten, können Sie, was die alternativen Lösungsmöglichkeiten betrifft, später auch andere Menschen Ihres Vertrauens nach ihrer Meinung fragen.

Zur Verdeutlichung ein Beispiel:
Eine Frau lebt mit ihrem Freund seit vier Jahren zusammen, fühlt sich aber schon länger aus verschiedenen Gründen unglücklich. Die momentane Lösungsstrategie besteht also im „Ausharren".

Würde die Frau die alternative Lösung des „Abhauens“ wählen, hätte das zur Folge, dass sie ihren Freund verlässt und ihr Leben neu organisiert.
Wenn die dritte Lösung die Wahl wäre, das „Angreifen“, dann würde die Frau ihrem Freund vielleicht konkrete Vorschläge machen, was in der Beziehung verändert werden könnte, oder was sie sich wünscht. Oder sie schlägt vor, dass beide zusammen eine Paartherapie machen etc.

Je klarer Menschen in der Lage sind, ihre eigene Lösungsstrategie zu erkennen, nämlich „Angreifen“, „Abhauen“ oder „Ausharren“, desto einfacher wird die Frage, ob die gewählte Strategie Erfolg hatte und ob es Sinn machen würde, eine andere Vorgehensweise auszuprobieren. Doch der klare Blick auf die gewählte Lösungsstrategie erfordert oft Mut! Wer möchte sich schon gerne eingestehen, dass ein geliebter Mensch nichts von einem wissen will, oder dass der Job so stressig ist, dass der Körper mit Krankheit reagiert.
Versuchen Sie dennoch den Mut aufzubringen, die Dinge zu betrachten, wie sie nun einmal sind! Dabei kann es hilfreich sein, Freunde oder Verwandte, denen Sie vertrauen, nach ihrer Meinung zu fragen. Außenstehende sind weniger emotional verstrickt und können somit die Lage viel objektiver betrachten.

4. Sich in der Kommunikation schützen

Wir alle wissen: Leider gibt es nicht nur angenehme Kommunikationspartner, und bei den eher unangenehmen oder gar sehr anstrengenden bedarf es eines inneren Schutzes, um das Zusammensein und die Gespräche gut zu überstehen! Im günstigsten Fall wissen Sie, ob und wann Sie auf einen Menschen treffen, bei dem Sie sich während der Kommunikation schützen müssen.

Stellen Sie sich vor, Sie würden eine Art „Schutzkleidung“ anlegen. So wie Feuerwehrmänner sich mit bestimmten Kleidungsstücken vor Feuer und Rauch zu schützen wissen und ein Ritter mit seiner Rüstung vor Schwertangriffen des Gegners, so sollte es auch für Sie etwas Schützendes geben.
Es kann sich um konkrete Kleidungsstücke handeln, aber auch um so etwas wie ein Energiefeld um Sie herum, durch das nichts eindringen kann oder eine dicke Scheibe aus Glas oder Plexiglas, die allem standhalten kann. Versuchen Sie, für sich einen „Schutz“ zu finden, der Ihnen entspricht und der Ihnen gut gefällt.
Wenn Sie etwas gefunden haben, dann stellen Sie sich die Person vor, mit der Ihnen die Verständigung und Kommunikation unangenehm ist. In Ihrer Vorstellung sollte diese Person einen angemessenen körperlichen Abstand zu Ihnen haben.
Bevor das eigentliche imaginäre Gespräch beginnt, versehen Sie sich mit Ihrem ganz persönlichen Schutz. Konzentrieren Sie sich darauf, den Schutz sehr sorgfältig „anzulegen“ und beginnen Sie in Ihrer Vorstellung das Gespräch erst dann, wenn Sie wirklich komplett geschützt sind. Fühlen Sie die Sicherheit, die Ihr Schutz Ihnen bietet; danach erst stellen Sie sich das Gespräch vor.
Behalten Sie die Art Ihres Schutzes und wie er sich angefühlt hat gut in Erinnerung, um dieses innere Bild jederzeit hervorholen zu können – wann immer es in der Realität nötig ist.

C. Handlungsvorschläge und Übungen

1. Die Kommunikationsfalle „Sei doch so wie ich"

Mit dem rationalen Verstand erfasst leuchtet es leicht ein, dass alle Menschen verschieden sind, Individualisten, mit eigenen Vorstellungen, Wünschen und Handlungsmustern. Allerdings bestehen die Menschen – glücklicherweise – nicht nur aus Verstand. Auch Gefühle spielen eine entscheidende Rolle, und eben dieses Gefühlsleben beeinflusst ganz entscheidend die Kommunikation.
Kommt es zu ernsthaften Problemen in der Kommunikation, können Sie für sich selbst prüfen, ob der innere Satz: *„Sei doch so wie ich"* eine Rolle spielt.
Den meisten Menschen fällt es schwer, andere Denk- und Vorgehensweisen zu akzeptieren. Je verschiedener Gesprächspartner in ihrem Fühlen, Denken und Handeln sind, desto schwieriger ist es, eine gemeinsame konstruktive Kommunikationsebene zu finden.

Suchen Sie sich jetzt eine Person aus, mit der es Ihnen schwerfällt, im Kontakt zu sein, zu kommunizieren oder auch zusammenzuarbeiten oder zusammenzuleben.
Wenn Sie jemanden gefunden haben, dann nehmen Sie sich einen Zettel und schreiben alles auf, was für Sie an dieser Person unverständlich ist oder was Sie stört. Auf der Liste können Eigenschaften stehen, aber auch gewisse Eigenarten im Verhalten, in der Kommunikation oder für Sie nicht nachvollziehbare emotionale Reaktionen.
Nehmen Sie sich Zeit für diese Aufgabe!
Wenn Sie möchten, können Sie die einzelnen Punkte auch gewichten: Hinter Dinge, die Sie besonders aufregen oder die Sie so gar nicht nachvollziehen können, setzen Sie beispielsweise ein dickes Ausrufezeichen, vielleicht auch mal zwei oder gar drei, wenn Sie das für angebracht halten.
Wenn Ihre Liste fertig ist, legen Sie ein weiteres Blatt daneben – für eine Auflistung über Sie selbst!
Gehen Sie die bereits geschriebene Liste der anderen Person Punkt für Punkt durch, und fragen Sie sich jedes Mal, ob von den beschriebenen Eigenschaften, Gefühlen oder Verhaltensweisen *auch etwas auf Sie selbst zutrifft.*

Ein Beispiel:
Sie haben einen Kollegen ausgewählt, der sich in Ihren Augen Ihnen gegenüber abweisend verhält. Er ist eher wortkarg und sucht den Kontakt nur, wenn es etwas wirklich Wichtiges zu besprechen gibt.
Stellen Sie sich jetzt die Frage, ob Sie auch manchmal wortkarg sind.
Wenn ja, welchen Menschen gegenüber verhalten Sie sich so?
Was sind Ihre Motive, so wortkarg zu sein?

Stellen Sie sich vor, Sie wären gesprächiger und würden mehr von sich zeigen und preisgeben: Gibt es etwas, vor dem Sie sich fürchten?

Wenn Sie mithilfe dieser Fragen bei sich selbst fündig geworden sind, wenden Sie Ihre Aufmerksamkeit wieder der anderen Person zu: Könnten dort ähnliche Motive vorliegen, wie bei Ihnen selbst?
Wäre es beispielsweise möglich, dass sich die andere Person schützt, weil sie Sorge hat, in irgendeiner Form verletzt zu werden?
Wenn Sie den Impuls verspüren, daraus eine Frage zu formulieren, die Sie dann später an die andere Person richten möchten, so schreiben Sie diese Frage auf.
Wenn Sie bei sich selbst nicht fündig geworden sind und Sie keine gemeinsamen Eigenschaften oder Verhaltensweisen entdecken konnten, so halten Sie sich vor Augen, dass die Person einfach anders ist. Dies gilt es zu akzeptieren, genau wie die andere Person Sie in Ihrer Andersartigkeit akzeptieren sollte.

Es kommt relativ selten vor, dass Menschen überhaupt keine Gemeinsamkeiten haben. Mögen es auch nur „kleine Dinge“ sein, wie eine gemeinsame Vorliebe für ein bestimmtes Essen oder die Begeisterung für einen bestimmten Schauspieler: Nutzen Sie alle Gemeinsamkeiten, um miteinander in Kontakt zu bleiben! So können Sie sich wahrscheinlich auch in konfliktreichen Situationen noch verständigen.

2. Auf Wertungen im Sprachgebrauch verzichten

Unsere Sprache ist voll von Urteilen und Bewertungen, was für die Kommunikation nicht gerade förderlich ist. Bewertungen sind in der Regel emotionaler Natur – auch wenn sie manchmal durchaus sachlich erscheinen mögen.
Es spricht einiges dafür, auf sprachliche Wertungen zu verzichten. Die Voraussetzung dafür jedoch ist, *Verantwortung für das eigene Handeln zu übernehmen.*

Dazu ein Beispiel:
Eine Frau sagt über ihren Freund: „Er trampelt die ganze Zeit auf meinen Gefühlen herum.“
Dieser Satz ist stark wertend und impliziert, dass der Freund sich falsch verhält und die Frau aus diesem Grunde zu leiden hat.
Alternativ könnte sie sagen: „Als er mir sagte: ‚Stell dich doch nicht immer so an’, hat mich das verletzt, aber ich war nicht in der Lage, meine Gefühle ihm gegenüber zu benennen.“
In diesem Satz beschreibt sie sachlich, ohne zu werten, dass ihre Gefühle nicht wahrgenommen wurden. Außerdem kommt der Aspekt der Eigenverantwortung hinzu. Die Frau stellt fest, dass auch sie ihre Gefühle nicht zum Ausdruck gebracht und somit zu der Situation beigetragen hat.

Doch Bewertungen in der Kommunikation können wesentlich subtiler sein.

Beispiel:
Ein Kollege sagt: „Komm, ich übernehme diese Akte für dich. Ich weiß ja, dass du solche Fälle gar nicht gern bearbeitest.“
Dieser Satz kann durchaus nett gemeint sein, er kann aber ebenso bedeuten, dass der andere unfähig ist, die Akte zu bearbeiten oder generell dem Arbeitspensum nicht gewachsen ist.

An dieser Stelle wäre eine offene Frage besser: „Da ist noch eine Akte zu bearbeiten. Wie sieht es bei dir zeitlich gerade aus?“
Aus dieser Frage kann sich ein sachlicher Dialog entwickeln. Der gefragte Kollege könnte beispielsweise antworten: „Das kann ich gleich morgen gut erledigen.“ Oder: „Ich habe noch viel zu tun.“
Daraufhin könnte der andere anbieten: „Ich habe noch etwas Zeit, ich kann das erledigen.“

Manche Wörter beinhalten generell Bewertungen, wie zum Beispiel: *immer, nie, alles, ständig, unmöglich.*
„*Immer* hängst du die Wäsche falsch auf.“
„Ich kann dir *nie* vertrauen.“
„*Alles* dreht sich *nur* um dich.“
„*Ständig* vergisst du das.“
„Es ist *unmöglich,* in Ruhe mit dir irgendwo zu sitzen.“

Um sprachliche Bewertungen möglichst zu vermeiden, konzentrieren Sie sich zunächst auf Ihre *eigene Wahrnehmung:* Was sehe ich? Was höre ich? Was rieche ich? Was schmecke ich? Was nehme ich über meine Haut wahr?
Haben Sie für sich geklärt, was Sie wahrgenommen haben, fragen Sie sich im zweiten Schritt, welche *emotionalen Reaktionen* durch die Wahrnehmung ausgelöst werden. Einer anderen Person gegenüber können Sie dann äußern, was Sie wahrgenommen haben und welche Gefühle das bei Ihnen auslöst.

Beispiel:
„Ich sehe, dass du die einzelnen Wäschestücke dicht bei dicht aufgehängt hast. So braucht die Wäsche sehr viel Zeit zum Trocknen und der Wäscheständer wird sehr lange in meinem Zimmer stehen. Ich habe dich bereits letzte Woche gebeten, die Wäsche etwas luftiger aufzuhängen, damit sie schneller trocknet. Wenn ich jetzt sehe, dass alles wieder so dicht bei dicht hängt, bin ich sauer, weil mir viel daran liegt, ein nicht so vollgestelltes Zimmer zu haben und ich mich nicht von dir gehört und respektiert fühle, wenn du meine Bitte einfach nicht beachtest.“
Nun hätte die andere Person Gelegenheit darauf einzugehen: „Tut mir Leid, das habe ich vergessen. Beim nächsten Mal denke ich daran.“ Oder: „Vielleicht können wir den Wäscheständer ja woanders hinstellen.“ Oder: „Ich wollte nicht, dass du sauer wirst. Was können wir denn jetzt machen?“ Oder: „Es ist wirklich nicht so, dass ich dich nicht respektiere. Ich war wohl beim Wäscheaufhängen mit meinen Gedanken ganz woanders.“

An dieser Stelle sei nochmals auf die Bücher von Marshall B. Rosenberg verwiesen. Die Gewaltfreie Kommunikation befasst sich ausführlich mit Bewertungen im Sprachgebrauch; siehe Literaturverzeichnis.

3. Verstehen, was der andere sagt

Die Hauptschwierigkeiten in der Kommunikation liegen darin, sachlich zu bleiben und das, was mein Gegenüber sagt, *genau so zu verstehen, wie es auch gemeint war.* Das mag banal klingen, tatsächlich kommt es aber immer wieder zu Missverständnissen und falschen Interpretationen. Ein „Gegenmittel“ kann darin bestehen, *das Tempo* aus dem Dialog herauszunehmen, indem man als Zuhörer wiedergibt, wie man das

Gesagte verstanden hat. Es folgt nun ein ausführliches Beispiel für eine in diesem Sinne gelungene Kommunikation:

Person A: „Du hattest jetzt zwei Tage Dienst – und trotzdem liegt der ganze Papierkram unbearbeitet in unserem Fach. Ich finde es nicht in Ordnung, dass du die unbearbeiteten Papiere einfach liegen lässt. Das stapelt sich dann, und ich muss alles erledigen."
Person B (gibt wieder, was sie gehört hat): „Ich habe gehört, dass du nicht willst, dass ich Papiere, die bearbeitet werden sollen, im Fach liegen lasse, weil du dann noch mehr zu erledigen hast."

Wenn Person B das Gesagte von A wiederholt hat, prüft Person A, ob sie sich richtig verstanden fühlt. Person A gibt B dazu eine Rückmeldung und sagt außerdem, welche Gefühle die Situation bei ihr auslöst.

Person A: Es geht mir nicht so sehr darum, dass die Papiere im Fach liegen. Sie sind nicht bearbeitet – das ist der entscheidende Punkt. Und ich darf jetzt deinen Papierkram erledigen *und* noch alles, was ich ohnehin zu erledigen habe. Das macht mich wütend.

An dieser Stelle gibt Person B eine Rückmeldung zu der Äußerung von A und kann nachfragen, *was genau* Person A so wütend macht. Sie kann hierfür eine *Vermutung* anstellen.

Person B: „Du bist also sauer, weil du jetzt die doppelte Arbeit vor dir siehst: ‚meinen' Papierkram – und noch ‚deinen' dazu. *Ärgerst du dich, weil du denkst, ich selbst hatte auf die Papiere keine Lust und habe sie deshalb einfach für dich liegen lassen?"*
Person A: „Ich unterstelle dir nicht, dass du den Papierkram extra für mich übrig gelassen hast. Ich ärgere mich aber, dass die Sachen einfach kommentarlos im Fach liegen. Und ich weiß im Moment auch noch nicht, warum du in diesen zwei Tagen überhaupt keine Zeit dafür gefunden hast. Ich kann mir das gar nicht vorstellen. Was gab es denn in diesen zwei Tagen Besonderes zu tun?"

Das Gespräch bleibt offen, weil Person A keine Anschuldigungen vorbringt, sondern *nachfragt*, was genau B vom Papierkram abgehalten hat.

Person B: „Ich habe verstanden, dass du dich sorgst, die liegen gebliebene Arbeit und deine eigene Arbeit jetzt schaffen zu müssen. In den letzten zwei Tagen hatte ich jedoch genau mit diesem Problem zu tun: Unsere Kollegin Schmidt war krank, sodass ich einen Teil ihrer Arbeit mit erledigen musste. Außerdem gab es eine Notaufnahme."

Person B gibt eine sachliche Erklärung ab, ohne sich über das von A geäußerte Unverständnis aufzuregen.

Person A: „Verstehe. Du hattest also viel zu tun."
Person B: „Ja, hatte ich. Wenn ich noch Zeit gefunden hätte, wäre der Papierkram auch nicht liegen geblieben. Wenn mal wieder so viel Stress ist und ich keine Zeit für die Papiere finde – soll ich dir vielleicht eine kurze Notiz schreiben?"

Person B hört, dass A nach den Erklärungen Verständnis hat und macht einen konstruktiven Vorschlag, künftig mit einer solchen Situation umzugehen.

Person A: „Das wäre wirklich gut. Wenn ich dann lese, dass jemand krank war und es eine Notaufnahme gegeben hat, dann ist das o.k. für mich. Dann ärgere ich mich nicht über dich – höchstens über diese Institution, die zu wenig Mitarbeiter hat!"

Der Konflikt ist beigelegt: Person A ist deutlich geworden, aus welchen Gründen B die Arbeit nicht erledigen konnte. Außerdem wurde eine Strategie entwickelt, wie in Zukunft mit solchen Situationen umgegangen werden kann.

4. Erweitertes Zuhören

Erweitertes Zuhören beschränkt sich nicht darauf, den verbalen Äußerungen des Gegenübers volle Aufmerksamkeit zu schenken. Alle anderen körperlichen Signale des Kommunikationspartners, wie etwa Gestik, Mimik, Körperhaltung, Atmung und Stimmmelodie, werden ebenfalls beachtet.
Wollen Sie in einem Gespräch eine vertrauensvolle Atmosphäre schaffen, empfiehlt es sich, die sprachliche und körpersprachliche Ausdrucksweise Ihres Gegenübers teilweise zu übernehmen. Viele Menschen „spiegeln" ganz automatisch ihre jeweiligen Gesprächspartner, ohne weiter darüber nachzudenken. Und dafür gibt es neurologische Ursachen. In der Gehirnforschung hat man nämlich sogenannte „Spiegelneurone" entdeckt. Diese speziellen Nervenzellen sorgen dafür, dass die *Vorstellung* eines Reizes die gleiche Wirkung auf einen Menschen haben kann wie ein real empfundener Reiz. „Lachen wirkt ansteckend", sagt man. In diesem Fall können Spiegelneurone dafür sorgen, dass ein Gegenüber in ein Lachen mit einstimmt und es so zu einem intensiveren Kontakt und zu einer besseren Kommunikation kommt.

Probieren Sie das „erweiterte Zuhören" aus! Achten Sie in einem Gespräch darauf, eine *ähnliche Körperhaltung* wie Ihr Partner einzunehmen. Auch der räumliche Abstand ist von Bedeutung, damit sich beide Gesprächsteilnehmer wohl fühlen. Folgen Sie Ihrem inneren Gefühl, welcher Abstand zu welcher Person in welcher Situation gerade der richtige ist.
Versuchen Sie auch, wenn Sie selbst reden, sich sprachlich Ihrem Gegenüber anzunähern. Es macht z.B. keinen Sinn, mit vielen Fachbegriffen um sich zu werfen, wenn der Gesprächspartner vermutlich nicht einmal die Hälfte versteht. Auch bei Begriffen aus anderen Sprachen oder bei Modewörtern (oft von der Jugend kreiert) ist Vorsicht geboten.
Weiterhin ist auf die eigene Lautstärke der Stimme zu achten: Eine zu laute Stimme macht manchen Menschen Angst. Bei älteren Menschen hingegen ist es oft nötig, sehr laut und deutlich zu sprechen, damit sie überhaupt etwas verstehen können.
Das Wichtigste ist, dass Sie sich auf die Bedürfnisse Ihres Gegenübers einstellen und sich selbst dabei wohl fühlen.

5. Wut und Aggressionen ableiten und die „wahren inneren Bedürfnisse“ erkennen

Starke Gefühle wie Wut und Trauer sind sehr häufig die Ursache dafür, dass eine Kommunikation gründlich fehlschlägt, denn aufbrausende Emotionen gehen häufig mit Aggressionen einher. Bei Kindern und Jugendlichen ist oft zu beobachten, dass sie ihre Konflikte schnell mit physischer Gewalt lösen, aus dem einfachen Grunde, weil ihnen die Alternativen und Erfahrungen für friedliche Lösungen fehlen. Aber auch mit Erwachsenen gehen die Gefühle mal „durch“ und die Kommunikation wird schnell unsachlich, teilweise im psychischen Sinne auch verletzend.
Eine Möglichkeit, mit einen eskalierenden Konflikt oder Streit umzugehen, besteht darin, einen Stuhl stellvertretend für eine bestimmte Person zu stellen. Auf diesen Stuhl werden alle vorhandenen Gefühle projiziert, sodass es keine direkte Auseinandersetzung mehr gibt.

Zur besseren Veranschaulichung ein Beispiel:
Stellen Sie sich zwei Jugendliche vor, die sich energiegeladen wie zwei Kampfhähne gegenüberstehen.
Person A (schreit): „Du hast mir meinen Notizblock zerfetzt! Was fällt dir eigentlich ein? Das ist wirklich das allerletzte. *Du* bist das Allerletzte!“
Person B (schreit zurück): „Du dämliche Kuh! Ich habe deinen blöden Block doch gar nicht zerfetzt. Den hab ich eben unter der Bank gefunden. Hysterische Zicke!“

Wenn nun eine dritte **Person C** dazukommt, die den Streit schlichten möchte, so könnte C für A einen Stuhl hinstellen und sie zu Folgendem auffordern: „Stell dir vor, dieser Stuhl ist jetzt Person B. Stell dich diesem Stuhl gegenüber und sag alles, was du sagen willst.“
Person B selbst wird „aus der Schusslinie“ gebracht und hält sich im Hintergrund, mit dem Wissen, dass auch er anschließend, nach A, aktiv werden darf.
A beginnt den Stuhl anzubrüllen, doch schon nach einiger Zeit lässt die Energie nach, weil so ein Stuhl einfach weniger Angriffsfläche bietet als ein emotional sehr erregter Mensch.
Wenn A „fertig“ ist, wenn ihr Redestrom abbricht, kommt B an die Reihe. Auch für ihn wird ein Stuhl gestellt, der A darstellen soll. Nun darf B so richtig seine Meinung sagen, während A im Hintergrund zuhört.
Manchmal löst sich bereits in dieser Phase der Konflikt ganz oder teilweise auf. Wenn B beispielsweise herumschimpfen würde, dass er den Notizblock tatsächlich nur gefunden hat und vielleicht Beweise anführt, könnte A aufgehen, dass sie doch falsch gelegen hat.
Wenn der Konflikt sich noch nicht aufgelöst hat, könnte C nachfragen, welche *Bedürfnisse* hinter dem Streit stehen. So kann es zu mehr Verständnis zwischen den Streitenden kommen.
A könnte beispielsweise erzählen, dass der Block ein Geschenk von jemandem war, der ihr wichtig ist. Oder sie hat zur Zeit wenig Geld und ärgert sich, dass sie einen neuen Block kaufen muss. Oder der Block ist vielleicht doch nicht so wichtig, sie ist aber innerlich auf etwas ganz anderes sauer und lässt ihre Wut eben in diesem Konflikt ab.
B dagegen könnte erzählen, dass er den Block nur „retten“ und ihn A wiedergeben wollte, weil er sie eigentlich ja ganz nett findet. Vielleicht gibt er aber auch zu, den Block selbst zerfetzt zu haben, um so mit ihr Kontakt aufzunehmen – was ihm vorher, mit anderen Mitteln, nicht gelungen ist.

Bei jedem Konflikt und jedem Streit geht es letztendlich darum, die *wahren, hinter dem Streit stehenden Bedürfnisse* zu finden!

Vergegenwärtigen Sie sich Ihren letzten Streit oder Konflikt, den Sie mit einem anderen Menschen hatten.
Benennen Sie zuerst das *Thema*, um das es verbal ging.
Anschließend stellen Sie sich die Frage, welches *Bedürfnis* bei Ihnen hinter dem Thema stand.
Wenn es Ihnen gelingt, dieses Bedürfnis für sich selbst klar zu benennen, können Sie, wenn Sie dies möchten, erneut mit der anderen Person in Kontakt treten und von Ihrem Bedürfnis erzählen.
Dies wiederum trägt zum besseren Verständnis füreinander bei und öffnet die Beziehung für neue Wege und mehr Kommunikationsvielfalt.

6. Kommunikation als Zwiegespräch

In Kapitel II wurde bereits darauf eingegangen, wie das Zwiegespräch bei Paaren (C 3) angewendet werden kann. Doch auch für andere Beziehungen eignet es sich sehr gut. Zu Beginn des Gesprächs wird festgelegt, wie lange eine Person ohne Unterbrechung reden soll, z.B. fünf oder zehn Minuten.

Person A beginnt zu reden, während B „nur“ zuhört und auf keinen Fall dazwischenredet.
Wenn die vereinbarte Zeit abgelaufen ist, werden die Rollen getauscht und B redet.
Ob B dabei auf das eingeht, was A vorher gesagt hat oder ganz andere Dinge erzählt, ist völlig freigestellt. Letztendlich geht es darum, dem anderen wirklich zuzuhören, ohne zu unterbrechen und in der fest definierten Rolle des Zuhörers in Ruhe auch die eigenen Gedanken zu ordnen.

Überlegen Sie jetzt für sich selbst, ob es eine oder mehrere Personen gibt, mit denen Ihnen die Kommunikation schwerfällt, vielleicht weil Sie oft aneinander vorbeireden oder Sie einander relativ häufig ins Wort fallen.
Wenn Sie jemanden gefunden haben, mit dem Sie sich ein Zwiegespräch vorstellen können, dann schlagen Sie das dieser Person vor. Stimmt sie zu, probieren Sie es aus!

7. Nicht zuhören als „Nicht-zu-denen-Gehören“

Der oben genannte Satz mag beim ersten Hören seltsam klingen, doch dahinter stehen folgende Gedanken:

Überlegen Sie für sich, bei welchen Personen es Ihnen schwerfällt zuzuhören. Unser Intellekt kann mit unterschiedlichsten Gründen hierfür aufwarten: Beispielsweise könnte die andere Person langweilig sein, von Dingen reden, die uninteressant sind oder einer ganz anderen Schicht oder Kultur angehören, mit der man nichts anfangen kann oder die verwirrend bzw. beängstigend wirkt.

Egal welche Gründe Ihre Logik Ihnen anbietet, prüfen Sie nach, ob Ihr „Nicht-Zuhören“ darauf zurückgeht, dass Sie nicht zu diesem Menschen oder zu dieser Gruppe von Menschen dazugehören oder nicht dazugehören wollen!
Handelt es sich um einem anderen Kulturkreis, ist diese Frage relativ schnell klar. Aber wie sieht es zum Beispiel am Arbeitsplatz aus, in einem Verein oder bei der Familienfeier? Fühlen Sie sich dort zugehörig? Hören Sie den anderen aufmerksam zu, und wird auch Ihnen zugehört?

Und wenn Sie feststellen sollten, dass Sie nicht „dazugehören“: Wollen Sie dies überhaupt?
Wenn ja, was könnten Sie tun, um mehr in diese Gruppe von Menschen hineinzufinden?
Und wenn nein, besteht die Notwendigkeit, in dieser Gruppe oder in diesem Umfeld zu bleiben?
Oder könnte es nicht schaden, sich auch anderweitig nach neuen Kontakten umzuschauen?
Wer „passt“ zu Ihnen, bei wem fühlen Sie sich wohl?
Und wer „passt“ gar nicht? Besteht die Möglichkeit, diesen Kontakt einzuschränken oder ganz abzubrechen?

8. Sich ins Schneckenhaus zurückziehen

Hier handelt es sich um eine Partner-Kommunikationsübung, für Menschen, die in einem recht vertrauensvollen Verhältnis zueinander stehen und die immer wieder an einen Punkt kommen, wo sich eine Person innerlich stark zurückzieht und die andere Person nicht mehr an sie „herankommt“, nicht mehr wirklich in Kontakt treten und mit ihr kommunizieren kann.

Vereinbaren Sie mit Ihrem Übungspartner, wer sich zuerst „zurückziehen“ will.
Es ist von Vorteil, eine bequeme Unterlage zu haben, eine Matte, einen Teppich oder eine Decke.
Person A hat nun die Aufgabe, eine Körperhaltung einzunehmen, die ein klares „In-sich-Zurückziehen“ darstellen soll. Dies könnte beispielsweise eine enge Embryonalhaltung sein, auf der Seite liegend. Vielleicht auch eine Hockhaltung, in der der Körper recht klein „zusammengefaltet“ wird, aber auch eine stehende Haltung, zu einer Wand gekehrt, wäre möglich.
Person A soll die Möglichkeit haben, in Ruhe auszuprobieren, was für sie Sich-Zurückziehen in körperlicher Form bedeutet. Wenn A dann eine passende Körperhaltung gefunden hat, bleibt sie erst einmal so und stellt sich dabei eine Situation vor, in der sie sich von B innerlich zurückgezogen hat, eine Situation, in der A das Gefühl hatte, ein Kontakt mit B war nicht mehr möglich.

Jetzt ist Person B an der Reihe: Sie soll versuchen, mit A wieder in Kontakt zu kommen. Kontakt ist dabei nicht ausschließlich verbal definiert, sondern auch körperliche Nähe oder reines „Da-Sein“ können Kontakt schaffen.
Sehr wichtig ist es, auf das Tempo zu achten, langsam und vorsichtig vorzugehen!

Hier nun einige Vorschläge, was B machen könnte, um Kontakt zu A herzustellen:

- B setzt sich neben A und ist einfach anwesend. Vielleicht verringert B mit der Zeit den körperlichen Abstand.
- B erzählt etwas. Vielleicht etwas von sich selbst oder zur Situation oder auch einen Witz.
- B nimmt Körperkontakt auf, legt beispielsweise eine Hand auf A's Schulter, sagt aber nichts.
- B fragt A, ob es etwas gibt, das A sich gerade in diesem Moment von B wünscht.
- B geht erst mal auf Distanz und beobachtet A, allerdings aus einer wohlwollenden Haltung heraus.

Was auch immer B tut: A kann darauf reagieren, wie es ihr angemessen erscheint.
Bei manchen Übungspartnern ist relativ schnell wieder Kontakt hergestellt, bei anderen dauert es länger und bei wieder anderen kommt kein wirklicher Kontakt zustande.
Wie auch immer der Verlauf der Übung sein mag, versuchen Sie sich anschließend darüber auszutauschen:
Welche Vorgehensweise war hilfreich, welche nicht?
Was hat A gut gefallen, was war kontraproduktiv, nervig oder erschreckend ... oder ... oder?

Wie ist es B mit der Aufgabe ergangen? War sie schwierig oder eher nicht?
Wenn ein ausreichender Austausch erfolgt ist, wechseln A und B die Rollen und führen die gleiche Übung noch einmal aus.

Die Übung trägt wesentlich dazu bei herauszufinden, welche Strategien am sinnvollsten sind, um den Kontakt zueinander wieder herzustellen und sich darüber auch auszutauschen.

9. Tabuthemen und Macht verhindern Kontakt

Ein Tabu – was ist das eigentlich?
Zuerst einmal sei angemerkt, dass Tabuthemen – je nach Kultur, Familie oder Individuum – sehr stark variieren. Was in der einen Kultur als vollkommen normal gilt, wirkt auf eine andere abstoßend. Und was in einer Familie gang und gäbe ist, ist in einer anderen undenkbar. Weil unter Tabu jeweils etwas ganz anderes verstanden wird, besteht die Notwendigkeit, sich darüber auszutauschen!
Viele Menschen verbinden mit einem Tabu ein Gefühl von „Peinlich-berührt-Sein" oder auch Scham. Um diesen unangenehmen Gefühlen zu entgehen, werden Situationen vermieden, in denen es zu Peinlichkeit oder Scham kommen könnte. Manchmal kann das gelingen: Wenn es beispielsweise jemandem „peinlich" ist, auf einer Party völlig anders angezogen zu sein als alle anderen, kann er sich vorher über den „Dresscode" informieren.
Andere Situationen sind jedoch nicht so leicht steuerbar und so gibt es zahlreiche „peinliche Momente", und manche dieser Erfahrungen verfolgen einen Menschen noch sehr lange.
Weil Tabus naturgemäß gerne verdrängt werden, zeigen sich bei einigen Menschen stattdessen Gefühle, die oft nicht nachvollziehbar sind, beispielsweise Verwirrung, Ärger, Aggression, Trauer, Energielosigkeit oder völliger Überschwang. Wenn Sie also Gefühle bei sich wahrnehmen, die Sie der gerade gelebten Situation so gar nicht zuordnen können, fragen Sie sich, ob vielleicht ein Tabuthema im Raume steht, das von Ihnen verdrängt wird. Über was wird nicht gesprochen, obwohl es doch „dazugehört"? Hat das Thema, über das nicht gesprochen wird, vielleicht etwas mit Macht zu tun?
In einigen Familien wird über manche Personen nicht gesprochen, weil sie in den Augen der Familienmitglieder etwas „Schlimmes" oder „Unpassendes" getan haben, z.B. „den falschen" Ehepartner gewählt, eine Straftat begangen oder auch „den falschen Beruf" ergriffen.
Tabus stehen häufig mit einer bestimmte Auffassung von Macht in Verbindung: Überall dort, wo klare Machtstrukturen herrschen, entstehen sehr wahrscheinlich Tabus.

- Eine Mutter hat die Macht über ihr kleines Kind. Also ist es für das Kind in jungen Jahren tabu, die Mutter zu kritisieren.

- Ein Chef hat die Macht, Mitarbeiter zu entlassen, und so wird auch in diese Richtung von den Angestellten wenig Kritik kommen.
- Auch ein behandelnder Arzt kann in einer Machtposition gegenüber dem Patienten sein, eine Gruppenleiterin gegenüber den Teilnehmern oder eine Person gegenüber einer anderen Person, weil es diverse unangenehme Geheimnisse gibt, die ausgeplaudert werden könnten.

Nehmen Sie sich einen Zettel und einen Stift und versuchen Sie aufzulisten, wo Sie überall *„Machtverhältnisse“* erleben, egal, ob Sie eher auf der „machtvollen Seite“ stehen, oder auf der anderen Seite, die diese Macht zu ertragen hat.
Haben Sie Beispiele aufgelistet, wo Sie auf der nicht-machtvollen Seite stehen, versuchen Sie sich klar zu werden, ob das bestehende Machtverhältnis *veränderbar* ist. Liegt die Macht im System, wie beispielsweise beim Chef in einer Firma? Oder übt jemand Macht über Sie aus, *weil Sie selbst dies ermöglichen,* weil Sie beispielsweise einem anderen Menschen erlauben, über Ihre persönlichen Grenzen hinauszugehen, sodass Sie verletzbar werden?
Bei Punkten, bei denen Sie auf der machtvollen Seite stehen, fragen Sie sich, ob dies für Sie so in Ordnung ist. Oder steht diese Art der machtvollen Beziehung vielleicht auch Kontakten, Erlebnissen, Neuerungen oder Verbesserungen im Wege?

V.
Beruf & Materielles

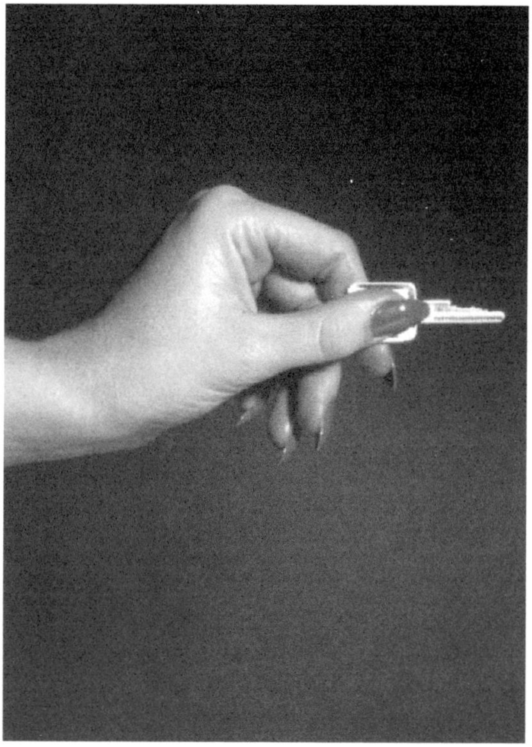

A. Unterstützende Sätze

1. „Jedes Verhalten hat einen sinnvollen Hintergrund."

Manche Verhaltensweisen unserer Zeitgenossen erscheinen uns seltsam, widersinnig oder absurd. Doch jedes Verhalten war – zumindest zu der Zeit, in der es entstanden ist – absolut sinnvoll! Manche Verhaltensmuster reichen bis tief in die Kindheit oder die Jugend zurück. Damals mögen sie wichtig gewesen sein, um gut durchs Leben zu kommen, beziehungsweise um zu überleben. Im Erwachsenenalter hingegen erweisen sich nicht mehr alle Verhaltensweisen aus frühen Lebensphasen als angemessen und sinnvoll.
Wenn Sie manche Ihrer Verhaltensmuster als unangemessen oder völlig unsinnig empfinden, dann fragen Sie sich zunächst, ob dieses Verhalten zu irgendeinem Zeitpunkt vielleicht notwendig war. Anschließend überprüfen Sie, ob es den *heutigen Gegebenheiten* noch entspricht, also noch angemessen ist.
Sollte dies nicht der Fall sein, setzen Sie sich ein konkretes Ziel, wie sich Ihr Verhalten verändern soll. Gegebenenfalls holen Sie sich Hilfe von anderen Menschen.

2. „Jeder Mensch hat alle Voraussetzungen, sich innerlich zu verändern."

Der Mensch ist äußerst anpassungsfähig an seine Umwelt und bringt von daher alle Voraussetzungen, Möglichkeiten und Fähigkeiten für Veränderungen mit. Grundsätzlich kann sich also jeder verändern und weiterentwickeln. Natürlich gibt es hierfür auch äußere Grenzen, z.B. die Zugehörigkeit zu einer bestimmten gesellschaftlichen Schicht, der Bildungsstand, das kulturelle und familiäre Umfeld, der Freundeskreis oder die Wohngegend.
Innerliche Veränderung kann jedoch immer stattfinden, auch wenn die äußeren Faktoren nicht besonders günstig sind oder der Veränderungsprozess seine Zeit dauert. Essenziell ist vor allem die Gewissheit, dass sich eine Veränderung einstellen wird.
Im Arbeitsleben haben wir es vielfach mit Rahmenbedingungen zu tun, die einerseits Einschränkungen mit sich bringen, andererseits uns aber auch dabei unterstützen können, die eigenen Fähigkeiten und Ressourcen erfolgreich zu nutzen und so Veränderungen herbeizuführen.

3. „Jede erfolgreiche Verhaltensänderung setzt ein klares Ziel voraus."

Es hört sich so einfach an: „Ein klares Ziel finden". Und doch kann genau diese Zielfindung langwierig und schwierig sein!
Wichtig ist, dass Sie *für sich selbst* ein persönliches Ziel definieren und dabei genau prüfen, ob es sich auch wirklich um Ihr Ziel handelt, das Sie selbst erreichen wollen. Oder sind es möglicherweise doch andere, die wollen, dass Sie dieses Ziel anvisieren?
Wenn Sie nun Ihr persönliches Ziel gefunden haben, können Sie mit dieser inneren Klarheit Ihren Weg gehen und Ihr Verhalten entsprechend ändern, auch wenn sich dies in sehr kleinen Schritten vollziehen mag und der Erfolg nicht so schnell sichtbar ist.

4. „Erlaubt ist, was hilft."

Leider denken viele Menschen, dass sie alles allein schaffen müssen, dass sie als „unfähige Verlierertypen" gelten, wenn sie andere um Hilfe bitten. Solche Gedanken haben sich häufig in der Kindheit und Jugend eingeprägt und das Selbstbewusstsein solcher Menschen scheint nur dann intakt zu bleiben, wenn sie wirklich alles alleine hinbekommen.
Dabei ist längst erwiesen, dass viele Aufgaben wesentlich effektiver gelöst werden können, wenn Menschen im Team zusammenarbeiten. Idealerweise übernimmt jeder in einem Team genau die Aufgaben, die seinen eigenen Fähigkeiten am ehesten entsprechen.
Wenn Sie jedoch kein festes Team haben, um Lösungen zu finden oder Veränderungen zu erreichen, so ist es sinnvoll, dass Sie sich nach möglichst weit gefächerter Unterstützung und Hilfe umschauen. Und verschiedene Menschen können die unterschiedlichsten und vielfältigsten Formen der Unterstützung anbieten. Es ist deshalb empfehlenswert, vorher viele Informationen einzuholen, sei es über Personen im persönlichen Umfeld oder über diverse Medien. So schaffen Sie sich eine Basis, von der aus Sie besser entscheiden können, was Sie brauchen und was wahrscheinlich hilfreich wäre. Doch auch die persönliche Intuition und die eigenen Gefühle spielen in solchen Zusammenhängen eine wichtige Rolle, genauso wie Ihr Geist, Ihre Vernunft und Ihre Logik!
Befragen Sie auch Menschen Ihres Vertrauens, was diese von Ihren Ideen oder Vorhaben halten, und berücksichtigen Sie deren Feedback bei Ihren Entscheidungen.

5. „In jedem Problem ist der Lösungsansatz bereits enthalten."

Der oben genannte Satz impliziert die positive Denkweise, dass es oft wenig effektiv ist, die Beschäftigung mit dem *Problem* in den Vordergrund zu stellen. Besser ist es, auf einen möglichen *Lösungsansatz* zu schauen. Dies soll nicht bedeuten, dass das Problem ausgeblendet wird. Im Gegenteil, es muss hinreichend analysiert werden, damit eine Lösung überhaupt gefunden werden kann. Aber darüber hinausgehend sollte es keine wesentliche Rolle spielen.

Menschen, denen es schlecht geht, können sich entweder so richtig in diesem unglücklichen Zustand „einrichten", oder sie können ihn registrieren und umgehend nach Möglichkeiten der Besserung suchen.
Auch im Arbeitsumfeld sollte möglichst sachlich nach Lösungen gesucht werden. Allerdings spielen manchmal auch schwerwiegende persönliche Probleme in den Arbeitsalltag mit hinein. Für eine tiefe Trauer, einen schmerzlich empfundenen Verlust oder ein Trauma sollte man sich genügend Zeit zur Verarbeitung nehmen. Andernfalls wird das Problem lediglich verdrängt und es kann in verstärkter Form später wieder hochkommen. Es macht also Sinn, den eigenen Zustand so zu begreifen, wie er nun einmal ist, mit der inneren Gewissheit, dass zu angemessener Zeit eine Besserung eintreten wird. Währenddessen sollte das Leben, den Umständen entsprechend, so angenehm wie möglich gestaltet werden – mit ausreichend Unterstützung.

Wer sich ausführlich mit Techniken zur Lösungsfindung beschäftigen möchte, dem sei das Neurolinguistische Programmieren (NLP) empfohlen. Im Literaturverzeichnis finden Sie die Angaben zu Karsten Ritschls Buch „Der Geist des NLP".

6. „Die Arbeit sollte nützlich und sinnvoll sein."

Wie oft stellen sich Menschen am Arbeitsplatz die Frage: „Wozu das alles?" Generell gibt es ein Bedürfnis, „etwas Sinnvolles" zu leisten, „etwas zu bewegen" oder „etwas Nützliches" zu tun oder zu erschaffen.
Doch wie *gewichten* wir „sinnvoll" oder „nützlich"? Ist die Tätigkeit einer Ärztin „nützlicher" als die einer Reinigungskraft oder eines Kochs? Ist es „sinnvoller", im sozialen Bereich zu arbeiten und Menschen zu helfen, als Autos zu montieren oder Musik zu komponieren? „Bewegt" ein philosophischer Gedanke mehr als eine neue Erfindung oder kirchliche Öffentlichkeitsarbeit?
Was im Arbeitsleben „sinnvoll" und „nützlich" ist, wird von jedem Menschen ganz anders empfunden – zu unser aller Vorteil. Grundsätzlich können nämlich viele verschiedene Tätigkeitsfelder von den dort Arbeitenden als sinnvoll und nützlich angesehen werden, manchmal auch als erfüllend.
Es folgen nun einige wichtige Faktoren, die bei der Bewertung von „Sinn" und „Nützlichkeit" der Arbeit eine Rolle spielen können:

- das Gehalt
- die Möglichkeit der Mitbestimmung
- Kreativität einbringen können
- eine flexible Arbeitszeit
- Aufstiegschancen
- die Arbeitsbedingungen generell, z.B. Standort, Räumlichkeiten, Kollegen, die Struktur und Hierarchie der Firma
- individuelle Fähigkeiten einsetzen können
- Identifikation mit dem Unternehmen
- den Zweck der eigenen Arbeit nachvollziehen können

- die entsprechende Honorierung der Arbeit, sei es in Form von Lob, Geld oder Aufstieg
- keine Über- oder Unterforderung

Was macht *Ihre* Arbeit für Sie sinnvoll oder nützlich?

7. „Den Glauben an sich selbst behalten"

Der Glaube an sich selbst ist am Arbeitsplatz ein wesentlicher Faktor und für das Selbstbewusstsein ebenso wichtig wie Erfolg. Besonders für Menschen, die selbstständig arbeiten, ist es wichtig, an sich selbst zu glauben. Doch auch allen anderen hilft diese Überzeugung ganz wesentlich, produktiv und erfolgreich zu sein.
Doch so überzeugt man von sich selbst auch sein mag: Das menschliche Miteinander sollte nicht aus den Augen verloren werden. Wenn andere nur noch auf der Strecke bleiben und das Klima am Arbeitsplatz immer mieser wird, ist der „Glaube an sich selbst" wenig hilfreich.

8. „Gegenseitige Motivation ist wichtig."

Wer kennt das nicht: Ein ernst gemeintes Lob ist wunderbar. Kritik hingegen – vor allem, wenn sie in unsachlicher oder abwertender Form geäußert wird – kann ganz schön runterziehen.
Leider neigen wir dazu, hauptsächlich all jene Dinge wahrzunehmen, die uns „nicht passen", und mit heftiger Kritik oder Beschwerden sind wir meist schnell bei der Hand. All die vielen Dinge jedoch, die reibungslos funktionieren und erfolgreich sind, nehmen wir oft gar nicht wahr!
Auch im Arbeitsleben wäre es grundsätzlich wünschenswert, wenn mehr gelobt würde. Das wirkt motivierend, im Gegensatz zum Geschimpfe und Gezeter über all das, was gerade nicht funktioniert.
Aber auch Kritik kann motivieren – wenn sie fundiert und sachlich formuliert ist, nicht persönlich verletzen will und zum Ziel hat, eine konstruktive Lösung zu finden.

9. „Die Basis des Erfolgs ist Können."

Erfolgreiches Handeln ist von äußeren Faktoren abhängig, aber auch von den Fähigkeiten und Fertigkeiten des Handelnden. Die Basis des Erfolgs sollte Können sein – und nicht der Zufall, cleveres Marketing oder gar Methoden auf der Grenze zur Kriminalität.
Das Wort „Können" impliziert viele unterschiedliche Aspekte: Fachkenntnisse, erlernte Fähigkeiten und Erfahrungen, aber auch soziale Kompetenz spielen eine entscheidende Rolle. Geschäftliche Beziehungen gut zu pflegen ist genauso wichtig wie die Art und Weise des Umgangs mit Kollegen und Vorgesetzten oder inwieweit es gelingt, die Grenze zwischen Privatleben und Arbeitswelt zu ziehen.

Doch „Können“ hat auch mit Intuition zu tun, mit emotionaler Intelligenz, Kreativität, Flexibilität und mit der generellen Bereitschaft, ständig Neues dazuzulernen.
Die große Kunst besteht im Grunde darin, das eigene Können möglichst realistisch einzuschätzen und alle persönlichen Ressourcen entsprechend zu nutzen.

10. „Stress kann durch eine mangelhafte Beziehung zum Du entstehen.“

Beim Wort „Stress“ denken viele Menschen an furchtbar viele Termine und Aufgaben, an Hetze und Zeitnot. Einigen fallen vielleicht auch Begriffe ein wie Schlafmangel, Überforderung, belastende Pflichten oder anstrengende Menschen im Umfeld. All diese Faktoren tragen zweifelsohne zum Stresserleben eines Menschen bei.
Wer aber denkt bei „Stress“ an eine mangelhafte Beziehung zum Du, zum Gegenüber? Und doch ist genau dieser Faktor auch ein Aspekt von Stress, zumindest im zwischenmenschlichen Bereich. Und wer kann diesem Stressor schon entgehen, besonders in der Arbeitswelt?
Über Folgendes muss man sich im Klaren sein: „Die Umgebung von Menschen sind Menschen“ (Gordon Wheeler, siehe Literaturverzeichnis).
Eine Beziehung setzt voraus, dass zwei Menschen etwas voneinander wissen und über gemeinsame Erfahrungen verfügen. In Quantität und Qualität kann beides sehr variieren. Natürlich hat man im privaten Bereich ganz andere Informationen über Menschen als auf der professionellen Ebene. Weiterhin spielt es für das Miteinander eine Rolle, ob sich zwei Menschen innerhalb einer Hierarchie auf gleicher Ebene bewegen, beispielsweise Kollegen mit gleicher Arbeit und gleichem Gehalt, oder ob es hierarchische Unterschiede gibt, wie zwischen Chef und Angestelltem.
Doch wie die Umstände auch immer geartet sein mögen: Ist die Beziehung klar definiert und verfügen beide Partner über gleich viele Informationen, achten sie einander wirklich und gibt es gemeinsame Erfahrungen, dann lässt sich das Miteinander wesentlich stressfreier gestalten.

11. „Konkurrenz ist eine naturgegebene Tatsache.“

Wo auch immer man sich umschaut: Es herrscht Konkurrenz – schon alleine deshalb, weil auf diesem kleinen Planeten mit beschränkten Ressourcen unglaublich viele Menschen leben.
In der Arbeitswelt ist es nicht anders: Auch dort sind Aufgaben zu erfüllen und Herausforderungen zu bewältigen – und in den allermeisten Fällen gibt es genügend bereitstehende Kandidaten, die den Job auch gerne machen würden.
Konkurrenz ist etwas „Normales“, etwas Naturgegebenes, das zur Entwicklung der Menschheit wesentlich beigetragen hat. Konkurrenz bedeutet jedoch nicht zwangsläufig, dass es kein Miteinander geben kann oder dass nicht auch innerhalb konkurrierender Bereiche Seilschaften und Freundschaften entstehen können. Im Gegenteil: Konstruktiv betrachtet kann Konkurrenz Menschen motivieren, ihr Bestes zu geben,

in dem Bewusstsein, dass jeder seinen Beitrag leistet, um ein größeres Ganzes erfolgreich zu kreieren.

12. „Sich mit ‚den Besten' zu vergleichen macht unglücklich."

Es wird sie immer geben: Diese Menschen, die etwas extrem gut können, die sehr viel haben, denen fast alles gelingt und die – insgesamt betrachtet – wahnsinnig erfolgreich sind. Wer sich jedoch an solchen Personen zu stark orientiert, kann überaus schnell sehr unglücklich werden! Diese „Überflieger" können Vorbilder sein oder Idole, sie sind aber kein Maßstab für die eigene realistische Lebensgestaltung. Verwenden Sie deshalb lieber Ihre Energie darauf herauszufinden, auf welchem Gebiet Sie talentiert sind und was Ihnen Spaß macht. Verfolgen Sie diesen Weg dann konsequent, bis der persönliche Erfolg sich einstellt. Vorher sollten Sie jedoch definieren, was in Ihren Augen ein „persönlicher Erfolg" überhaupt ist.

13. „Spielerisch Lösungen finden, nicht kämpferisch."

Es mag unlogisch klingen, doch oft rücken Lösungen umso weiter weg, je mehr man sich bemüht, sie endlich zu finden. Mithilfe von Logik und Willenskraft wollen wir die Lösung geradezu erzwingen und merken gar nicht, dass wir verkrampfen: Kreativität, Gefühle und spielerische Fähigkeiten sind blockiert und der gesamte Prozess stagniert.

Im Falle einer solchen Blockade können folgende Strategien helfen, das Problem doch noch zu lösen:

- Nicht über das Problem nachdenken: Lenken Sie sich ab, machen Sie etwas völlig anderes.
- Schlafen Sie ein paar Nächte darüber.
- Unternehmen Sie etwas wirklich Schönes, das Ihnen viel Freude bereitet.
- Holen Sie sich Ideen und Anregungen von Menschen, denen Sie vertrauen.
- Betrachten Sie das „Problem" als einen Ausgangspunkt für Neues und persönliche Weiterentwicklung.

14. „Große Ziele durch Teilziele erreichen"

Manchmal erscheint das, was erreicht werden soll, als viel zu groß und viel zu weit weg – ein Eindruck, der häufig durchaus der Realität entspricht! Eine Ausbildung oder ein Studium dauern lange, auch die Suche nach dem richtigen Job kann sich hinziehen, ebenso wie der Aufbau einer eigenen Firma oder eines Kundenstammes. In all diesen Fällen ist es sinnvoll, sich *Teilziele* zu setzen, die – sind sie erreicht – entsprechend gewürdigt oder belohnt werden. Im Studium könnte das Vordiplom ein Teilziel sein, vielleicht belohnt durch einen Urlaub. Suchen Sie einen guten Arbeitsplatz, könnte ein Teilziel darin bestehen, dass eine Stelle zumindest einige, wenn auch nicht alle Wunschfaktoren erfüllt.

In der Psychologie nennt man dieses Phänomen „Triebaufschub“: die Fähigkeit, persönliche Bedürfnisse und Ziele für eine gewisse Zeit zurückzustellen, diese Ziele aber dennoch nicht aus den Augen zu verlieren.

15. „Aus ‚Gefangenschaft' resultiert Aggression."

Das Wort „Gefangenschaft“ klingt zwar dramatisch, hat in diesem Zusammenhang jedoch nichts damit zu tun, in einem Gefängnis oder Ähnlichem eingesperrt zu sein. Hier geht es um all die Einschränkungen und Verpflichtungen am Arbeitsplatz, die aus den verschiedensten Gründen das Gefühl entstehen lassen, unfrei zu sein – beispielsweise finanzielle Einschränkungen, Sorgen, einen bestimmten Status zu halten oder die Angst, arbeitslos zu werden.

Je stärker sich ein Arbeitnehmer „gefangen“ und „unfrei“ fühlt, je mehr er gemaßregelt wird und in seiner Kreativität und Mitbestimmung eingeschränkt ist, desto aggressiver und unmotivierter wird er schließlich sein.

Ein Arbeitsplatz, an dem es klare Regeln gibt, wo aber ebenso ein gewisser Spielraum vorhanden ist, eigene Ideen vorzustellen und auch umsetzen zu können, wäre optimal.

16. „Die Wahlmöglichkeiten begrenzen“

Weniger ist manchmal mehr. Vor einer Entscheidung macht es durchaus Sinn, genügend Informationen zu sammeln, allerdings auch nicht zu viele Informationen! Wer sich als Ziel gesetzt hat, *alle* Informationen zusammenzutragen, wird notgedrungen scheitern. Nicht immer lässt sich genau sagen, welche Bedeutung Details für das Gesamte haben, und manchmal sind Informationen – kaum dass man sie eingeholt hat – schon wieder hinfällig oder nicht mehr aktuell.

Wie so oft kommt es also auf das richtige Maß an: Zu wenige Optionen sind unbefriedigend, zu viele wirken eher verwirrend oder lösen Stress aus.

17. „Der Gruppendruck spielt eine wesentliche Rolle."

Die Annahme, dass Entscheidungen aus sehr individuellen Gründen getroffen werden, entpuppt sich häufig als Illusion. Gruppendruck oder auch „Herdentrieb“ spielen in fast in allen Bereichen des Lebens eine entscheidende Rolle. Mit der Mode fängt es an – modisch ist, was „alle“ gerade tragen – und mit Entscheidungen, die getroffen werden, um weiterhin „dazuzugehören“, endet es.

Führung macht deshalb auch einsam: Der führende Mensch, der Chef, hat einen Sonderstatus und steht höher in der Hierarchie. Er ist also nicht in dem Maße dazugehörig, wie das bei den Kollegen untereinander der Fall ist.

Dennoch muss Gruppendruck nicht als etwas Negatives gesehen werden, denn er ist für das Zugehörigkeitsgefühl verantwortlich, ein im menschlichen Leben enorm wichtiger Faktor. Wesentlich ist *das Bewusstsein,* dass dieser Gruppendruck existiert und als Entscheidungsfaktor zu beachten ist.

B. Imaginationen und innere Bilder

1. Der Mut zum Ausprobieren

Manchmal ist es gar nicht so leicht, aus vorgefertigten Mustern und gewohnten Bahnen auszubrechen, auch wenn wir dies noch so gerne möchten, um etwas Neues auszuprobieren.
Wenn das nicht an den äußeren Umständen liegt, sondern die Ursachen vielmehr bei uns selbst zu suchen sind, kann folgende Imagination hilfreich sein:

Stellen Sie sich vor, all das, was Sie bereits können, ist Ihr *Handwerkszeug,* genau wie in einer Werkstatt: Die Werkzeuge sind alle vorhanden und Sie wissen sie gut zu nutzen, um gute Resultate zu erzielen. Ihre Werkstatt ist perfekt eingerichtet, es ist alles da, was Sie benötigen, um Ihren Beruf erfolgreich auszuüben. Auf Ihre Werkzeuge und auf Ihre Fähigkeiten können Sie sich voll und ganz verlassen; sie geben Sicherheit. An diesen Ort der „inneren Sicherheit" können Sie sich jederzeit zurückziehen. Er ist Ihre sichere Basis für Experimente, für neues Entdecken oder auch für Risikobereitschaft. Auch wenn etwas Neues zu bedrohlich erscheint oder wenn das Risiko zu groß wird, können Sie sich jederzeit wieder in Ihre „sichere Werkstatt" zurückziehen.

Stellen Sie sich nun ganz genau das Handwerkszeug für *Ihre Arbeit* vor. Das sind nicht nur Gegenstände, wie beispielsweise Computer, Lehrbücher oder ein Hammer, sondern vor allem Ihre *Fähigkeiten* und *Fertigkeiten.* Dazu gehören zum Beispiel: Zuverlässigkeit, Kreativität, die Fähigkeit, neue Formulare oder Tabellen zu erstellen, das genaue Wissen über einen bestimmten Ablauf oder ein Projekt, die Fähigkeit, sich gut zu integrieren, Lernbereitschaft, Menschenkenntnis, Erfahrungswerte auf einem bestimmten Gebiet, Kontaktfreudigkeit, Gewissenhaftigkeit, die Fähigkeit, sich neues Wissen anzueignen, effektiv in einem Team arbeiten zu können, Durchhaltevermögen, Flexibilität, Kompromissbereitschaft etc.

Gehen Sie langsam und gründlich dabei vor, sich Ihr persönliches Handwerkszeug, Ihre Fähigkeiten, Erfahrungen und Fertigkeiten vorzustellen. Wenn Sie möchten, „lagern" Sie alles, was Ihnen einfällt, in einem bestimmten Raum oder an einem klar definierten Ort.
Wenn alles seinen Platz gefunden hat, suchen Sie sich dort eine Stelle, wo Sie alles gut überblicken können und wo Sie sich wohl fühlen.
Prägen Sie sich diesen Raum oder Ort mit all Ihrem Handwerkszeug gut ein und bewahren Sie das Bild innerlich für sich. Es wird Sie dabei unterstützen, neue Wege zu gehen und den Mut zu finden, etwas auszuprobieren.

2. Sich vom Job nicht „auffressen" lassen

In den meisten Berufszweigen steigen die Anforderungen stetig und die Gefahr nimmt zu, vom Job „aufgefressen" zu werden oder nicht in der Lage zu sein, sich entsprechend abzugrenzen. In einer solchen Situation ist das folgende innere Bild hilfreich:

In einem Geschäft werden bestimmte Waren angeboten und verkauft. Jeder kann den Laden betreten und gegen den entsprechenden Geldwert etwas erwerben.
Stellen Sie sich nun vor, Sie selbst sind die Verkäuferin oder der Verkäufer in diesem Geschäft. Sie haben bestimmte Arbeitszeiten und tun Ihr Bestes, um erfolgreich zu verkaufen.
Verkauft werden aber nur die Waren und nicht Sie selbst! Sie stellen Ihre Fähigkeiten und Fertigkeiten für eine bestimmte Zeit zur Verfügung, mehr nicht! Ihr Privatleben hat nichts mit der Arbeit in diesem Geschäft zu tun. Es findet an ganz anderen Orten statt, die sehr deutlich abgegrenzt sind.
Versuchen Sie, sich selbst als Verkäuferin oder Verkäufer in diesem Laden zu sehen und fragen Sie sich, ob Sie nicht zu viel Zeit dort verbringen. Fragen Sie sich auch, ob Sie Ihr Privatleben und Ihr Arbeitsleben zu sehr vermischen oder aneinander koppeln.

Spüren Sie nach, wie es Ihnen bei dieser Imagination geht:
Fühlt es sich „schwer" an oder „leicht"?
Ist Ihnen eher warm oder kalt?
Nehmen Sie körperliche Signale wahr, beispielsweise Druck in einer bestimmten Körperregion, Übelkeit, Schmerz oder Unruhe?
Was auch immer Sie wahrnehmen, fragen Sie sich, ob es sinnvoll ist, an Ihrer inneren Haltung im Bezug zur Arbeit etwas zu verändern.
Wie könnten Sie sich wohler fühlen?
Wie könnten Sie sich besser abgrenzen?

Denken Sie immer daran: Sie „verkaufen" nur die Waren im Laden. Sie selbst sind nicht käuflich!

3. Unabänderliches innerlich umdeuten

Es gibt Dinge und Situationen im Arbeitsleben, die können zu einem bestimmten Zeitpunkt nicht verändert werden. Das kann die Arbeitsmarktsituation eines Landes oder der ganzen Welt sein, aber auch sehr persönliche Dinge, wie beispielsweise eine bestimmte Summe verdienen zu müssen oder eine Ausbildung abschließen zu müssen, um weiterzukommen.
Wenn Menschen Unabänderliches innerlich umdeuten, so ist dies die Kunst, einen Sachverhalt so zu sehen, dass er nützlich und besser aushaltbar ist. Das wohl bekannteste Beispiel für eine Umdeutung ist der Blick auf ein genau zur Hälfte gefülltes Glas Wasser: Ist das Glas halb voll, oder ist es halb leer?
Grundsätzlich gibt es zwei Möglichkeiten umzudeuten: Man kann das „Problem" *zeitlich* oder *räumlich* versetzen.

Stellen Sie sich jetzt eine Situation in Ihrem Arbeitsleben vor, die Sie nicht mögen, die aber im Moment nicht zu ändern ist. Malen Sie sich diese Situation genau aus und nehmen Sie wahr, wie Sie sich dabei fühlen.

Fragen Sie sich, welche Bedeutung diese Situation in *einem Jahr* haben wird. Und anschließend, welche Bedeutung die momentane Lage in *zehn Jahren* haben wird und welche in *30 Jahren*? Nehmen Sie auf diese Weise *zeitlich Abstand* von der Situation. Spüren Sie innerlich noch einmal nach, wie es Ihnen jetzt geht.

Dann können Sie sich die Frage stellen, inwiefern die momentane eher unbefriedigende Situation *nützlich für Ihre Zukunft* sein kann.
Sind Sie in der Ausbildung oder studieren Sie, dann ist klar, dass Sie einen erfolgreichen Abschluss benötigen, um später den entsprechenden Beruf auszuüben. Ist Ihre Arbeit stressig und zeitintensiv, verdienen Sie aber nicht schlecht, so können Sie sich mit dem Geld vielleicht später einen Wunsch erfüllen, wie eine Eigentumswohnung oder eine lange Reise.

Die andere Möglichkeit der Umdeutung nutzt *räumliche* Faktoren: Stellen Sie sich wieder die Situation in Ihrem Arbeitsleben vor, die gerade nicht zu ändern ist. Vergegenwärtigen Sie sich die ganze Lage, doch wechseln Sie jetzt die Perspektive: Betrachten Sie das Szenario durch eine Kamera. Sie sehen und hören sich dort nun selbst und haben den Überblick über die gesamte Situation. Versuchen Sie sich von den unangenehmen Gefühlen zu distanzieren, die das Szenario mit sich bringt, denn Sie schauen sich „nur" eine Szene durch eine Kamera an.
Spüren Sie auch hier nach, wie es Ihnen geht.

Beim „Umdeuten" sollten Sie nicht in das Extrem verfallen, sich alles nur noch schön zu denken und die Realität dabei aus dem Blick zu verlieren. So nämlich ändern Sie die Situation nicht! Für eine Zeit lang ist es in Ordnung, etwas „auszuhalten" und dies möglichst positiv anzuschauen. Die Möglichkeit auf Veränderung und eine zufriedenere Lebensweise sollten Sie sich dadurch jedoch nicht verbauen.

4. Eine Rüstung anlegen

Egal welcher Arbeit Sie nachgehen – fast immer haben Sie Kontakt mit anderen Menschen: mit Kolleginnen und Kollegen, mit dem Chef, vielleicht auch mit Kunden oder Geschäftspartnern. Es heißt immer so schön, dass es günstig ist, im Beruf „einen kühlen Kopf" zu bewahren. Um dies auch tatsächlich zu beherzigen, bedarf es einer deutlichen *Abgrenzung* nach außen, einer Art Schutzwall für Ihr Privatleben und Ihre Gefühle.

Stellen Sie sich nun vor, Sie würden für die Dauer Ihrer Arbeit eine Art „Rüstung" anlegen, die Sie in allen Turbulenzen und Kontaktsituationen während Ihrer Arbeitszeit hinreichend schützt.
Überlegen Sie, welches Material Ihre Rüstung haben sollte: Ist es vielleicht eine Art Ritterrüstung? Oder handelt es sich um ein eher leichtes Material, das aber extrem widerstandsfähig ist? Es könnte auch eine Bekleidung sein, die vielleicht Stacheln hat oder einen unangenehmen Klebefilm oder eine kleine Alarmanlage. Vielleicht besteht Ihr Schutz auch in einem Energieschild um Ihren Körper.
Was immer Ihnen in den Sinn kommt: Prüfen Sie, ob Sie sich damit wohl fühlen und ob es sich um eine „Rüstung" handelt, die auch wirklich während Ihrer Arbeitszeit imaginär „tragbar" ist.

Wenn Sie eine Imagination zu Ihrer „Rüstung" entwickelt haben, dann überlegen Sie, wann der richtige Zeitpunkt wäre, diese anzulegen: Vielleicht ist es der Moment, in dem Sie aus Ihrer Haus-

tür treten, eventuell auch der Zeitpunkt, zu dem Sie an Ihrer Arbeitsstelle ankommen oder das Gebäude betreten.
Suchen Sie sich ebenso den Moment und den Ort, Ihre „Rüstung" imaginär wieder abzulegen.

Zusätzlich können Sie darüber nachdenken, ob eine Art „Reinigung" nach der Arbeit für Sie hilfreich ist. Hierfür können Sie z.B. nach der Arbeit andere Kleidungsstücke anziehen oder eine Dusche nehmen. Es kann aber auch eine „imaginäre Reinigung" sein, bei der Sie sich vorstellen, dass alle belastenden Ereignisse des Arbeitstages aus Ihnen herausströmen. Sie können alles durch körperliches Schütteln der Arme und Beine „vertreiben" oder aber sich vorstellen, wie die „negative Energie" aus Ihnen herausfließt, über Ihre Füße in den Boden hinein.

5. Der persönliche Platz bei der Arbeit

Bei dieser recht spielerischen Imaginationsübung geht es nicht darum, welche Stellung Sie innerhalb der Hierarchie eines Unternehmens haben, sondern darum, einen „Platz" zu finden, der emotional für Sie stimmig ist.

Wählen Sie zunächst, in welche „Welt" Sie das gesamte System Ihres Arbeitsfeldes transferieren wollen. Was würde zu Ihrem Arbeitsfeld als Imagination am besten passen? Vielleicht eine kleine Stadt?
Als Nächstes überlegen Sie, welche Person aus Ihrem Arbeitsfeld für welches Gebäude oder welches Geschäft in dieser Stadt stehen könnte. Wer steht beispielsweise stellvertretend für die Kirche, das Kino, das Rathaus, die Polizei, die Bibliothek, die Kneipe, die „Spielhölle", die teure Boutique, das Theater, das Schwimmbad, das Kaufhaus, den Marktplatz, den Sexshop, den Park, das Café, das Fitnessstudio, den Secondhand-Laden, die Videothek, das Autogeschäft, den Schönheitssalon, das Hotel, die Frittenbude, das Blumengeschäft etc.?

Wichtig ist auch die Überlegung: Was stellen *Sie selbst* in dieser Stadt dar?
Nehmen Sie sich Zeit, das Passende für Sie selbst zu finden.
Wenn dies geschehen ist, spüren Sie nach, wie es Ihnen mit Ihrer Wahl gefühlsmäßig geht. Sind Sie zufrieden mit Ihrem „Platz" oder Ihrer „Stellung"? Wie geht es Ihnen mit Ihren direkten Nachbarn? Gibt es vielleicht einen Ort oder „Platz", an dem Sie lieber wären?
Positionieren Sie sich innerlich versuchsweise mal an ganz anderen „Plätzen", um herauszufinden, wie es sich anfühlt: Ist es Ihnen angenehm oder unangenehm? Gibt es jetzt Raum für Erlebnisse, für Abwechslung oder auch für neue Ideen? Welcher „neue Platz" scheint Ihnen reizvoll zu sein?

Versuchen Sie jetzt die Verbindung zu Ihrer realen Arbeitssituation herzustellen: Welches Arbeitsfeld, welche Stellung wäre es konkret, die Ihnen eben in der vorgestellten Stadt reizvoll erschien? Gibt es dort beispielsweise viele Kontakte zu Menschen? Ist es dort ruhig oder eher laut? Ist das Arbeitsaufkommen hoch oder eher nicht? Gibt es dort Raum für eigene Ideen und Kreativität?

Sie können natürlich auch andere Welten, andere Systeme imaginieren, etwa einen Zoo, einen Wald oder die verschiedensten Dinge in einem Kaufhaus.
Für manche Menschen ist es auch hilfreich, wenn sie die Imagination auf ein Blatt Papier zeichnen.

6. Sich die Zukunft bereits in der Gegenwart vorstellen

Oder: *„Man ist schon da, bevor man angekommen ist"*.

In Veränderungsprozessen ist es enorm hilfreich, sich die zukünftigen Dinge und Situationen *bereits vorzustellen* und damit ein *konkretes Ziel* anzupeilen. Jede erfolgreiche Veränderung erfordert nämlich, dass die *ganze Person* mit ihren Fähigkeiten, Werten und Zielen berücksichtigt wird, ebenso das *soziale Umfeld*. Auch wenn es selbstverständlich klingen mag, ist es tatsächlich aber notwendig, bei jeder zu lösenden Aufgabe zuerst das Ziel klar zu definieren – um sich nicht zu verzetteln.

Suchen Sie jetzt innerlich eine Aufgabe aus Ihrem Arbeitsbereich, die erledigt werden muss, von der Sie aber noch nicht genau wissen, wie Sie dies bewerkstelligen sollen.
Vergegenwärtigen Sie sich zuerst *alle Informationen,* die Sie über diese Aufgabe haben. Was genau soll erreicht werden, was ist das konkrete Ziel?
Denken Sie an alle Mittel und Ressourcen, die Ihnen dafür zur Verfügung stehen und auch an solche, die Sie neu erschließen könnten.
Berücksichtigen Sie auch, dass neue Verbindungen geschaffen werden können, neue Strukturen und Herangehensweisen, wenn dies dem Erreichen des Zieles zuträglich ist. Lassen Sie auch Ideen zu, die Ihnen auf den ersten Blick vielleicht unrealistisch, überzogen oder abstrakt erscheinen.

Wenn Sie möchten, schreiben Sie anschließend Ihre Gedanken und Ideen auf. Vielleicht wollen Sie auch mit anderen Menschen über Ihre Vorstellungen reden, denn so könnten Sie neue Sichtweisen und andere Einschätzungen in Erfahrung bringen.

C. Handlungsvorschläge und Übungen

1. Stellung beziehen

Diese Übung lässt sich alleine durchführen, effektiver ist sie allerdings zu zweit.

Nehmen Sie einen etwa hüftbreiten Stand ein und gehen Sie mit Ihrer inneren Aufmerksamkeit zu Ihren Füßen.
Schließen Sie die Augen und spüren Sie genau nach, *wie* die Füße auf dem Boden stehen. Versuchen Sie wahrzunehmen, ob Sie sicher stehen oder vielleicht eher wackelig oder schräg oder gebeugt.
Richten Sie sich auf, als würde jemand an einem Faden ziehen, der am Scheitel Ihres Kopfes befestigt ist. Spüren Sie die Wirkung dieser aufrechten Haltung.

Stellen Sie sich nun vor, dass sich an Ihren Füßen Wurzeln bilden, die in den Boden hineinwachsen. Diese Wurzeln geben Ihnen einen sehr sicheren Stand, genau wie ein Baum von seinen Wurzeln sicher gehalten wird.
Jetzt gehen Sie in Gedanken zu all Ihren Fähigkeiten und Fertigkeiten, die Sie an Ihrem Arbeitsplatz einsetzen. Lassen Sie sich dabei genug Zeit, um *alle Ihre Ressourcen, Talente und Fähigkeiten* innerlich durchzugehen.
Wenn dies abgeschlossen ist, spüren Sie wieder die Wurzeln, die Ihnen einen sicheren Stand geben.

Haben Sie einen Übungspartner, so gibt dieser Ihnen jetzt einen leichten Stoß. Dieser Stoß steht symbolisch für die Anforderungen und Schwierigkeiten an Ihrem Arbeitsplatz.
Sie haben die Augen immer noch geschlossen und Ihr Partner fährt fort, Ihnen Stöße zu geben, Ihren Körper leicht zu schubsen. Die Intensität der Stöße sollte mit der Zeit stetig zunehmen. (Wenn Sie die Übung allein ausführen, so stellen Sie sich diese Schubser vor, genauso die entsprechende Reaktion Ihres Körpers.)

Versuchen Sie wahrzunehmen, *wie Ihr Körper reagiert:*
Setzen Sie der Kraft von außen starken Widerstand entgegen? Oder geben Sie dem Schubser beweglich nach und kommen anschließend wieder in Ihre Ausgangsposition zurück?
Haben Sie die Beine durchgedrückt oder leicht gebeugt?
Macht es Ihnen Mühe, Ihren Stand zu wahren, oder ist das kein Problem für Sie?

Stellen Sie sich nun eine Situation an Ihrem Arbeitsplatz vor, in der Sie unbedingt Ihren *Standpunkt* vertreten wollen. Verwurzeln Sie sich noch einmal gut im Boden und lassen Sie die Augen weiterhin geschlossen.

Teilen Sie Ihrem Partner mit, wie stark der Stoß sein soll, sodass er der vorgestellten Situation auch angemessen ist. (Wenn Sie keinen Partner haben, geben Sie sich selbst einen starken Bewegungsimpuls.)
Spüren Sie genau nach, was passiert: Ist es schwierig, stehen zu bleiben oder nicht?
Wenn es schwer sein sollte, vergegenwärtigen Sie sich noch einmal all Ihre Fähigkeiten und Ressourcen, die Ihnen einen sicheren Stand und tief gehende Wurzeln verleihen.
Wenn der Ansturm der Energie immer noch zu heftig sein sollte, um stehen zu bleiben, überlegen Sie sich, *welche Menschen Sie unterstützen könnten.*

Diese Person bzw. diese Personen stellen Sie in Ihrer Vorstellung hinter sich auf, eventuell auch seitlich, je nachdem, wie es Ihrem Gefühl entspricht. Spüren Sie die Kraft und Energie, die von dieser Person oder von mehreren Menschen hinter Ihnen ausgeht.
Sammeln Sie all Ihre Kraft aus sich selbst und von den anderen, um Ihren Standpunkt vertreten zu können. Wenn Sie all diese Kraft verinnerlicht haben, soll Ihr Partner Ihnen erneut einen Stoß versetzen, bzw. Sie geben sich selbst einen Bewegungsimpuls, wenn niemand anders verfügbar ist.
Versuchen Sie wahrzunehmen, ob sich etwas verändert hat: Stehen Sie sicherer oder nicht? Sind Sie elastischer und beweglicher geworden? Oder sind Sie körperlich steifer? Oder ist der Zustand gleich geblieben?

Spüren Sie Ihrem Körper nach, stellen Sie sich aufrecht hin und öffnen Sie die Augen. Anschließend erfolgt noch ein Stoß von außen, diesmal aber haben Sie die Augen geöffnet. Spüren Sie nach, wie sich Ihr Körper anfühlt. Stehen Sie noch sicher? Geben Ihnen die geöffneten Augen mehr Sicherheit oder eher nicht?

Versuchen Sie nun, alle Bewegungserfahrungen und Gedanken dieser Übung bewusst innerlich abzuspeichern, sodass Sie sich jederzeit wieder daran erinnern können. Auch die Menschen, die Sie sich unterstützend in den Rücken oder an die Seite gestellt haben, sollten Sie im Gedächtnis behalten, damit Sie all dies in entsprechenden Situationen am Arbeitsplatz schnell zur inneren Stabilisierung wieder abrufen können.

2. Wut loswerden

Am Arbeitsplatz gibt es für viele Menschen immer wieder Anlass zu Ärger und Wut, sei es, dass der Chef mal wieder unausstehlich ist, der Computer abstürzt, ein Projekt total in die Hose geht oder der Kollege schon in der dritten Woche krank ist ...
Worüber auch immer Sie sich ärgern: Versuchen Sie *nicht,* diese Wut herunterzuschlucken! Wut über eine längere Zeit mit sich herumzutragen, ist mühsam und ungesund.
Manchmal lässt sich ein problematisches Thema sofort ganz sachlich klären. So kann auch die Wut konstruktiv aufgelöst werden. Leider ist dies nicht immer der Fall und so wird die Wut innerlich „mitgenommen“ und „heruntergeschluckt“. Doch spätestens zu Hause können Sie sich daranmachen, Ihre Wut wieder loszuwerden. Hierzu einige Vorschläge:

Erzählen Sie Ihren Ärger einer Person Ihres Vertrauens.
Achten Sie darauf, diese Person nicht in Ihren Ärger hineinzuziehen oder ihn sogar auf sie zu übertragen. Diese Vertrauensperson ist ein Zuhörer, dem Sie sich mitteilen können.

Suchen Sie sich eine körperliche Betätigung.
Dabei kann es sich sowohl um Putzen oder Staubsaugen in der Wohnung handeln als auch um Jogging, Radfahren oder um einen flotten Spaziergang.

Schlagen Sie auf etwas ein!
Besonders geeignet sind große Kissen, die Sie mit den Fäusten bearbeiten können. Aber auch Tennisschläger, Stöcke oder Besenstiele sind hierfür gut geeignet. Sie können sich während des Schlagens die Quelle Ihres Ärgers konkret vorstellen, egal ob ein Mensch, der Computer oder irgendetwas anderes Sie wütend gemacht hat. Sie schlagen bei dieser Übung nur ein Kissen, auch wenn Sie sich einen Menschen dabei vorstellen. Also: Keine Hemmungen!

Lassen Sie Ihren Körper „fallen".
Suchen Sie sich einen gut gepolsterten Ort, beispielsweise ein großes Sofa, ein Bett oder eine Matratze. Anschließend knien Sie sich darauf, das heißt, Sie sitzen auf Ihren Unterschenkeln und lassen Ihren Oberkörper zuerst aus sehr geringer Höhe nach vorn auf die Matratze fallen. Versuchen Sie dabei laut auszuatmen.
Anschließend richten Sie den Oberkörper wieder auf, atmen dabei ein und lassen sich erneut fallen. Die Höhe, aus der Sie Ihren Oberkörper herunterfallen lassen, kann vergrößert werden, indem Sie sich immer etwas mehr aufrichten. Atmen Sie ruhig laut aus. Wenn Sie wollen, schreien Sie oder benutzen Sie Schimpfwörter – oder was immer Sie von sich geben möchten.

Schreien Sie einen Stuhl an.
Stellen Sie einen Stuhl in die Mitte des Zimmers und stellen Sie sich den Menschen vor, auf den Sie wütend sind. (Es kann auch ein Gegenstand sein, ein technisches Gerät o.Ä.) Danach sagen Sie diesem „Stuhl" mal so richtig die Meinung! Sie können schreien, wüten, zischen und herumspringen, wie immer Sie wollen. Lassen Sie alles raus, was Sie zu sagen haben.

Zum Thema „Wut" siehe auch Kapitel IV, Übung C 5: „Wut und Aggression ableiten und die wahren Bedürfnisse erkennen".

3. Gegenstände als Hilfe zum Schutz

Schon in den Kapiteln IV (B 4 „Sich schützen in der Kommunikation") und V (B 4 „Eine Rüstung anlegen") wurden Möglichkeiten des inneren Schutzes behandelt. An dieser Stelle nun sollen die inneren Bilder und Imaginationen durch *tatsächliche Gegenstände* unterstützt werden. Wenn Sie für sich beispielsweise das innere Bild einer Ritterrüstung gewählt haben, um sich im Kontakt mit Menschen geschützt zu fühlen, so besorgen Sie sich jetzt eine Figur, die Ihren Vorstellungen nahe kommt – vielleicht einen Spielzeugritter. Diese Figur können Sie auf Ihren Schreibtisch stellen oder – etwas unauffälliger – in einem Fach oder Schrank in Ihrer näheren Umgebung deponieren.
Sie können aber auch einen solchen Schutzgegenstand immer bei sich tragen, vielleicht in der Hosentasche oder im Jackett. Das könnte z.B. ein Stein sein, der Ihnen sehr gefällt oder den Sie von einem geliebten Menschen bekommen haben und dem Sie irgendeine Kraft zuschreiben. Kommen Sie dann in eine Situation, in der Sie sich schützen möchten, greifen Sie in die Tasche, umfassen den Stein dort drinnen und konzentrieren sich auf Ihre eigene Kraft und auch auf die Energie, die von dem Stein ausgeht.

Natürlich eignen sich hierfür auch andere Gegenstände, vorzugsweise solche, die am Körper getragen werden können, wie Ketten, Ringe oder Armbänder. Manche Menschen ziehen Kraft daraus, ihren Ehering anzufassen. Andere greifen zu einem Amulett oder einem Talisman an einer Kette, die sie um den Hals tragen. Wichtig ist, dass Sie einen Gegenstand finden, der Ihnen voll und ganz entspricht und mit dem Sie etwas Stärkendes assoziieren.

Von den bereits erwähnten persönlichen Gegenständen einmal abgesehen können Sie auch das Mobiliar im Raum zu Ihrem Schutz verwenden. In einer heftigen Konfrontation ist es beispielsweise sinnvoll, etwas zwischen sich und dem anderen Menschen zu haben, z.B. einen Schreibtisch oder Arbeitsmaterialien. Wenn Sie Ihren Arbeitsplatz einrichten, achten Sie nach Möglichkeit darauf, dass Ihnen niemand *zu nahe* kommen kann und dass Ihnen genügend Platz für Ihren Schutz oder auch für einen Rückzug bleibt.
Sehr oft wird unterschätzt, wie wichtig räumliche Distanz zu anderen Menschen im Arbeitsleben ist. Ein Berater sollte sich beispielsweise genau überlegen, wie viel Abstand zum Klienten vorhanden sein sollte. Auch im Büro ist es wichtig, wie nahe der nächste Mitarbeiter sitzt und wie viele Menschen sich einen Raum teilen.

4. Ressourcen und Gefühle verankern

Die Technik des Ankerns ist vor allem durch das NLP (Neurolinguistisches Programmieren) bekannt geworden, wurde aber auch schon vorher in therapeutischen Verfahren eingesetzt, vor allem in der Verhaltenstherapie.
Ein „Anker" ist eine Art Verbindungsstück zwischen unserer Wahrnehmung und Dingen bzw. Menschen. Hören wir z.B. eine bestimmte Melodie, können wir darüber eine spezielle Situation mit einem Menschen „verankern". Manche Paare haben „ihr Lied", und wo auch immer einer von beiden dieses Lied hört, denkt sie oder er an den Partner.
Der Duft eines bestimmten Parfums kann der Anker für eine geliebte Person sein, der Anblick eines Ortes verbindet mit einem bestimmten Erlebnis, der Geschmack eines Gerichtes weckt spezielle Erinnerungen.
Unsere Wahrnehmung, das Sehen, Hören, Fühlen, Riechen und Schmecken verbindet sich also als „Anker" mit bestimmten Gedanken, Erinnerungen, Gefühlen oder Stimmungen. Immer wieder sind wir unbewusst solchen Ankern ausgesetzt, zum Beispiel Werbemelodien oder -plakaten. Es ist jedoch auch möglich, *bewusst für sich selbst Anker zu setzen,* um die eigenen Ressourcen in bestimmten Momenten abrufen zu können.

Im ersten Schritt bestimmen Sie, was Sie ankern möchten, z.B. Gelassenheit.
Nun überlegen Sie sich, an *welcher Stelle Ihres Körpers* Sie einen Anker setzen möchten. Es sollte eine Stelle sein, die Sie unauffällig im Beisein anderer berühren können. Außerdem sollte diese Körperstelle nicht so leicht durch eine unbeabsichtigte Berührung aktivierbar sein. Wenn Sie sich

beispielsweise beim Nachdenken oft an der Nasenspitze ziehen, wäre die Nase als Stelle für den Anker nicht zu empfehlen.
Nehmen wir an, Sie entscheiden sich für eine Stelle am Kopf, im Bereich über dem rechten Ohr. Sie können sich dort mit einer Hand unauffällig und langsam durchs Haar streichen oder die Hand nur dort auflegen.
Als Nächstes stellen Sie sich eine Situation vor, in der Sie Ihren Wunschzustand – Gelassenheit – voll und ganz erreicht hatten. Wie fühlt es sich an, so ganz gelassen zu sein?
Und wenn Ihnen dieser Zustand der Gelassenheit ganz präsent ist, streichen Sie sich an der von Ihnen ausgewählten Stelle langsam durchs Haar. Durch die *langsame* Bewegung des Streichens lässt sich der gewünschte Zustand der Gelassenheit eventuell noch verstärken.
Nun haben Sie Ihren Anker gesetzt. In allen künftigen Situationen, in denen Sie sich mehr Gelassenheit wünschen, können Sie Ihren Anker auslösen, indem Sie sich über Ihrem rechten Ohr durchs Haar streichen
Üben Sie den Umgang mit Ihrem Anker häufiger, damit es zu einer wirklich starken Verbindung zwischen körperlicher Bewegung und verankerter Ressource kommt.

5. Im Team alternative Lösungen finden

Wahrscheinlich kennen auch Sie diese Sackgasse: Die eigenen Ideen, wie es weitergehen kann, sind „verbraucht“. Nichts wirkt mehr, die Kreativität scheint wie verflogen und eine Lösung ist in weite Ferne gerückt.
In solchen Situationen ist eine *gemeinsame, kooperative Lösungssuche* sinnvoll, auch – oder gerade –, wenn zwei oder mehrere Parteien beteiligt sind. Machen sich jedoch mehrere Menschen daran, Ideen zur Lösung eines Problems zu sammeln, so empfehlen sich für eine effektive Vorgehensweise folgende Regeln:

- Kritik ist grundsätzlich verboten, um auch ungewöhnlichen Vorschlägen eine Chance zu geben.
- Absolut jede Idee ist erlaubt, auch wenn sie noch so fantastisch oder unrealistisch anmuten mag.
- Jeder soll so viele Ideen wie möglich beisteuern, je mehr, desto besser.
- Jeder kann Ideen von anderen aufgreifen und damit seine eigenen Gedankengänge weiterführen und neue Ideen entwickeln.
- Jede Idee wird als *Leistung des Teams* in einem Prozess verstanden und nicht als Leistung eines Einzelnen.

Besonders die letzten beiden Regeln betonen, dass es sich um ein Team handelt, um eine *Einheit*, die *gemeinsam* ein Problem lösen will. Allen Beteiligten sollte bewusst gemacht werden, dass die erarbeiteten Ideen und Lösungswege einer kollektiven Anstrengung zu verdanken sind, und nicht der Summe von Einzelleistungen.

6. Kooperative Konfliktlösung

An dieser Stelle sollen sieben Schritte aufgeführt werden, die als Orientierung für eine kooperative Konfliktlösung dienen können.

1. Der erste Schritt besteht immer darin, möglichst in ein *partnerschaftliches Gespräch* zu kommen. Handelt es sich um einen Konflikt zwischen Menschen, die in einer Hierarchie auf verschiedenen Stufen stehen, ist allein das gar nicht so einfach.

2. Als Nächstes müssen die zugrunde liegenden *Bedürfnisse* aller Beteiligten erkannt und benannt werden – so konkret und so ehrlich wie möglich.

3. Sind die Bedürfnisse aller Beteiligten erkannt, setzt die Suche nach *alternativen Lösungen* ein (siehe vorhergehende Übung, C 5).

4. Erst wenn die Suche nach den alternativen Lösungen abgeschlossen ist, werden all diese Lösungen *auf ihre Durchführbarkeit hin überprüft.*

5. Anschließend werden *alle verbliebenen Lösungen bewertet,* Vor- und Nachteile abgewogen. Dabei kann eine Art Ranking entstehen, welche Lösung als erste Option gesehen wird, welche als zweite, etc.

6. Schließlich wird aufgrund der Ergebnisse der ersten fünf Schritte eine *Entscheidung* getroffen.

7. Der letzte Schritt besteht nun in der *Planung der Durchführung.*

Literatur

Abram, Antje & Hirzel, Daniela: Fühlen erwünscht. Praxishandbuch für alle sozialen Berufe, mit 88 Übungen für verschiedene Zielgruppen und Symptomatiken, Junfermann 2007.

Blum, Heike & Beck, Detlef: Wege aus der Gewalt. Trainingshandbuch für Multiplikatoren in der Jugendarbeit, Verlag Stiftung Mitarbeit, 2003.

Chopich, Erika J.& Paul, Margaret: Aussöhnung mit dem inneren Kind", Bauer 1997[19].

Chu, Victor: Die Kunst erwachsen zu werden, Kösel 2001.

Chu, Victor & de las Heras, Brigitta: Scham und Leidenschaft, Kreuz 1994 (Neuauflage in Planung bei EHP).

Hagehülsmann, Ute: Transaktionsanalyse – Wie geht denn das, Junfermann 2006[5].

Hagehülsmann, Ute & Hagehülsmann, Heinrich: Der Mensch im Spannungsfeld seiner Organisation, Junfermann 2007[3].

Hellinger, Bert & ten Hövel, Gabriele: Anerkennen, was ist. Gespräche über Verstrickung und Lösung, Kösel 1997[4].

Lüdke, Christian & Clemens, Karin: Kein Trauma muss für immer sein, EHP 2003.

Mohl, Alexa: Der große Zauberlehrling. NLP Arbeitsbuch für Lernende und Anwender, Junfermann 2006.

Peseschkian, Nossrat: Wenn du willst, was du noch nie gehabt hast, dann tu, was du noch nie getan hast. Geschichten und Lebensweisheiten, Herder 2007.

Rahm, Dorothea; Otte, Hilka; Bosse, Susanne & Ruhe-Hollenbach, Hannelore: Einführung in die Integrative Therapie, Junfermann 1999[4].

Richter, Kurt: Erzählweisen des Körpers, Kallmeyersche 1997.

Ritschl, Karsten: Der Geist des NLP. NLP zum Kennenlernen, Junfermann 2007[2].

Rosenberg, Marshall B.: Gewaltfreie Kommunikation, Junfermann 2007[7].

Rosenberg, Marshall B.: Konflikte lösen durch gewaltfreie Kommunikation, Herder 2004.

Satir, Virginia: Selbstwert und Kommunikation. Familientherapie für Berater und zur Selbsthilfe, Pfeiffer bei Klett-Cotta 2000[14].

Schellenbaum, Peter: Das Nein in der Liebe, dtv 2000.

Spezzano, Chuck: Wenn es verletzt, ist es keine Liebe, vianova 2002[7].

Ulsamer, Gabriele & Ulsamer, Berthold: Spielregeln des Familienlebens. Anregungen nach dem Ansatz von Bert Hellinger, Herder 2000.

Wheeler, Gordon: Jenseits des Individualismus. Für ein neues Verständnis von Selbst, Beziehung und Erfahrung, Peter Hammer Verlag 2006.

Dank

Ich möchte mich bei meiner Mutter, Christel Abram, bedanken, die dieses Buch als „Laie" Korrektur gelesen hat, und bei Daniela Hirzel, die als Gestalttherapeutin das Manuskript fachlich sorgfältig prüfte.

Außerdem gilt mein Dank meinem Mann Marc Friedrich, der sich um alle technischen Belange der Textverarbeitung gekümmert hat und zudem seine Frau machen lässt, was sie sich sowieso schon in den Kopf gesetzt hat. Wunderbar!

Auch meinen neunjährigen Sohn Jim muss ich lobend erwähnen, der die Disziplin aufbrachte, seine Mutter in Ruhe schreiben zu lassen.

Einen besonders wichtigen Auftritt hatte mein Nachbar Christian von Maltzahn, der sich als computerversierter Retter erwies, denn zuvor waren auf mysteriöse Weise alle „eigenen Dateien" plötzlich verschwunden. Vielen Dank für die spontane Hilfe!

Viele Anregungen, die ich in diesem Buch verarbeitet habe, stammen von meinen Klientinnen und Klienten und den Mitgliedern der Gruppen, die ich leite.

Vielen Dank für die Inspiration, die mir diese Arbeit gegeben hat!

Und schließlich möchte ich mich noch bei den Mitarbeiterinnen und Mitarbeitern des Junfermann Verlages bedanken, die mich sehr freundlich auf meinem Weg begleitet haben.

Der Weg zum respektvollen Miteinander

240 Seiten • € (D) 19,50 • ISBN 978-3-87387-454-1

MARSHALL B. ROSENBERG

»Gewaltfreie Kommunikation«

Eine Sprache des Lebens

Wie kann man sich auch in Konfliktsituationen so verhalten, dass man seinen Mitmenschen respektvoll begegnen und gleichzeitig die eigene Meinung vertreten kann – ohne Abwehr und Feindseligkeit zu erwecken?

Mit der Gewaltfreien Kommunikation! Die Methode setzt darauf, eine Konfliktsituation zu beobachten, Gefühle auszusprechen, Bedürfnisse aufzudecken, und dann den anderen zu bitten, sein Verhalten zu überdenken. Ehrlichkeit, Empathie, Respekt und Zuhören-Können stehen dabei im Vordergrund. Mit Hilfe von Geschichten und beispielhaften Gesprächen zeigt M. Rosenberg alltägliche Lösungen für Kommunikationsprobleme.

Bestseller – 130.000 verkaufte Exemplare!

Dr. Marshall B. Rosenberg ist Konfliktmediator und Begründer der GFK. Er lehrt in Europa und den USA und reist regelmäßig in Krisengebiete, wo er Ausbildungen und Konfliktmediationen anbietet.

Weitere erfolgreiche Titel zur GFK:

»Trainingsbuch GFK«
ISBN 978-3-87387-454-1
»Die Sprache des Friedens ...«
ISBN 978-3-87387-640-8
»... und immer sagen wir ›bitte‹ oder ›danke‹«
ISBN 978-3-87387-627-9

www.junfermann.de

Sich wieder wohl fühlen

416 Seiten • kartoniert • € (D) 29,80 • ISBN 978-3-87387-628-6

DAVID D. BURNS

»Feeling Good – Depressionen überwinden, Selbstachtung gewinnen«

Basierend auf der kognitiven Verhaltenstherapie beschreibt David Burns hochwirksame Methoden zur Veränderung depressiver Stimmungen und zur Verringerung von Angst. Eine Schritt-für-Schritt-Anleitung zur Selbsthilfe.

Weltweit mehr als drei Millionen verkaufte Exemplare!

David D. Burns ist klinischer Psychiater und als Professor für Psychiatrie und Verhaltenswissenschaften an der Stanford University School of Medicine tätig.

»*Es freut mich sehr, dass David Burns der Öffentlichkeit eine Methode zur Veränderung von Gefühlszuständen verständlich macht, die von den Fachleuten mit großem Interesse und sogar Begeisterung aufgenommen worden ist.*« – Aaron T. Beck

»*Ein Buch, das man lesen und noch einmal lesen sollte!*« – Los Angeles Times

Weitere erfolgreiche Titel bei Junfermann:

»In 10 Tagen das Selbstwertgefühl stärken«
ISBN 978-3-87387-618-7
»Sein Leben neu erfinden«
ISBN 978-3-87387-619-4
»Selbstachtung ...«
ISBN 978-3-87387-557-9

www.junfermann.de

Nehmen Sie sich eine Auszeit!

112 Seiten, kartoniert • € (D) 12,– • ISBN 978-3-87387-603-3

HELMAR DIESSNER

»Die Welle des Atems«

Phantasiereisen & Autogenes Training

In seinem Buch zeigt Helmar Dießner Ihnen Möglichkeiten, vom täglichen Stress Abstand zu nehmen. Durch Phantasiereisen und Autogenes Training können Sie sich vom Alltag erholen und gleichzeitig Kraft für neue Herausforderungen tanken. Unter Einfluss einer konzentrativen Selbstentspannung werden körperliche, geistige und seelische Veränderungen zu einer positiven Erfahrung, die nicht nur das Selbstvertrauen stärkt. Diese Art von Selbstverantwortung ist überaus wichtig für die eigene Psychohygiene und Gesundheit.

Dr. phil. **Helmar Dießner**, Erziehungswissenschaftler, Dipl.-Soz.-Päd., Kinder- und Jugendlichenpsychotherapeut, Psychotherapeut, Coach.

Das Komplette Junfermann-Angebot rund um die Uhr – Schauen Sie rein!

Sie möchten mehr zu unseren aktuellen Titeln & Themen erfahren? Unsere Zeitschriften kennenlernen? Veranstaltungs- und Seminartermine nachlesen? In aktuellen Recherchen blättern?

Besuchen Sie uns im Internet!

www.junfermann.de